我们只愿在真理的圣坛之前低头，
不愿在一切物质的权威之前拜倒。

1912年，在成都

1910年春，郭沫若来到成都，就读于四川官立高等分设中学堂，在这里参与成都学界要求早开国会的罢课风潮，参加四川保路爱国运动。"民国"新生之际，他也迎来了父母为他张罗的婚事。对这场包办婚姻深感失望的他，婚后五天即离家返回成都。本图为他（左二）与同学的合影。

1918年，在日本九州帝国大学医学部

这年夏天，郭沫若升入九州帝国大学医科，耳疾让他越来越不适应这里的学习，司文艺女神缪斯的竖琴声却以空前的"诱惑"向他飞来。1919年，他的两首新诗发表于上海的《时事新报》，首次署名"沫若"。1920年初，发表了长诗《凤凰涅槃》。

1924年前后，与安娜及孩子们

在日本读书期间，一个偶然的机会，郭沫若结识了日本姑娘安娜。丘
比特的神箭立即射中了东方古国年轻后生的心坎。他不顾父母的反
对，毅然与安娜组成了家庭。新的生活为他的精神世界投下了欢乐的
阳光，他写下了不少充满激情的诗篇。

1926年，在广州

在新诗坛上的崭露头角，坚定了郭沫若弃医从文的决心。1921年，他与郁达夫、田汉等人在东京成立了文学社团创造社，由他负责编辑的《创造季刊》成为"五四"后新文学营垒里最有影响的文学刊物之一。本图即是他归国后与创造社同人成仿吾（右一）、郁达夫（右二）、王独清（左一）的合影。

1927年春，在郑州车站

1926年，广州革命政府发表《北伐宣言》，郭沫若早年曾有过的"男
儿投笔寻常事，归作沙场一片泥"的热血再次沸腾起来。7月，他一
身戎装，踏上了北伐的征途。第二年，蒋介石制造安庆"三二三"
惨案，着手清党。他奋笔疾书，写下了讨蒋檄文《请看今日之蒋介
石》，随后参加了八一南昌起义。

1936年，在东京

为了躲避国民党的通缉，1928年郭沫若又一次东渡日本，开始了长达
十年的海外流亡生活。在此期间，他对中国古代社会、甲骨文和金文
进行了深入研究，取得了举世公认的辉煌成就，并积极支持和参加
"左联"东京分盟的活动。本图即是他（前排居中）与"左联"东京
分盟成员的合影。

1937年冬，在广州

卢沟桥的炮声，震撼了所有中国人的心。郭沫若只身归国，投身救亡运动。在上海主办《救亡日报》，组织文化宣传队、战地服务团到前线宣传慰劳、救济难民，以无党派人士的身份，在周恩来的直接领导下从事抗战文化工作。

1938年，在武汉

这一年1月，郭沫若偕于立群由广州前往武汉，就任国民政府军事委员会政治部第三厅厅长，主持抗战初期的文化宣传工作。10月武汉失守，二人穿过纷飞战火，经长沙、桂林等地撤至重庆。本图是他在武汉参加群众集会时所拍摄的照片。

1941年，在重庆

这一年是郭沫若的五十岁寿辰和从事创作二十五周年。1942年元旦过后，这位"五十岁的小孩"迎来了创作生涯中的又一个奇迹般的"高产期"。仅仅一年多，即写下了《屈原》《虎符》等五部大型历史剧。本图为他与周恩来、阳翰笙的合影。

1946至1947年，在上海

1946年重庆"较场口血案"中，郭沫若被国民党特务暴徒殴打致伤，成为他在这里度过的最后一场"严寒"的纪念。5月他离开重庆前往上海，而后赴南京参加国共和谈。和谈破裂后，面对"零下三十五度的政治冬季"，他与国民党进行了坚决的斗争。

1949年，郭沫若的标准像

这是郭沫若的一张经典照片。1949年2月，郭沫若抵达北平。建国前夕
当选为中华全国文学艺术工作者联合会主席、中国人民政治协商会议
副主席。10月新中国成立，任政务院副总理、文化教育委员会主任等
职。作为国家领导人之一，见证了这个地球上最古老也最年轻的国家
诞生的辉煌时刻。

1952年，在莫斯科接受斯大林和平奖的仪式上

新中国成立后，郭沫若先后被推选为中国保卫世界和平大会全国委员会主席、中苏友协副会长等。仅在20世纪50年代，参加的世界和平会议就有十八次之多。从华沙、维也纳、斯德哥尔摩到赫尔辛基、新德里、科伦坡，处处可见他那不辞劳顿的身影。

1955年，访问日本

　　这一年11月，郭沫若应日本学术会议的邀请，率领中国访日科学代表团前往东京等地访问。这是他离别十八年后第一次踏上樱花之国的土地，受到日本同行和人民群众的热情欢迎。"一终天地改，我如新少年"，旧地重游，往事如烟。

1961年，在海南岛鹿回头

这是郭沫若与夫人于立群和孩子们的一张合影。自20世纪60年代初起，国内政治气候逐步升温。在那场愈刮愈猛烈的"红色风暴"中，郭沫若的两个儿子先后被迫害致死。悲痛病弱的他与全国人民一起经受了周恩来、毛泽东的逝世后，终于迎来了粉碎"四人帮"的"第二次解放"。

中学生延伸阅读·大家小传

冯亦同　著

中国青年出版社

（京）新登字083号

图书在版编目（CIP）数据

郭沫若 / 冯亦同著. —— 北京：中国青年出版社，
2012.8
（中学生延伸阅读·大家小传）
ISBN 978-7-5153-0963-7

Ⅰ. ①郭… Ⅱ. ①冯… Ⅲ. ①郭沫若（1892～1978）
－传记 Ⅳ. ①K825.6

中国版本图书馆CIP数据核字(2012)第175157号

责任编辑：杜海燕
封面插图：刘洋
书籍设计：孙初＋林业

中国青年出版社 出版 发行
社址：北京东四12条21号
邮政编码：100708
网址：www.cyp.com.cn
编辑部电话：（010）57350503
门市部电话：（010）57350370
三河市世纪兴源印刷有限公司印刷　　新华书店经销

700mm×1000mm　1/16　11印张　110千字
2012年12月北京第1版　2012年12月河北第1次印刷
印数：0001——6000册
定价：19.00元

本书如有印装质量问题，请凭购书发票与质检部联系调换
联系电话：（010）57350377

目　录

CONTENTS

沙湾郭家

公元一八九二年十一月十六日（旧历九月二十七日）中午时分，秋阳像往常一样朗照在大渡河西岸峨眉第二峰绥山脚下的小镇沙湾街上。这天是赶集的日子，街市上很热闹，挂着"郭鸣兴达号"招牌的那户店家似乎比平时更忙碌些，店铺后面住家的左厢房里，传出了一个男婴呱呱的啼哭声。

小生命的平安降临，给全家人带来了欢喜。户主郭朝沛为他这刚出世的第八个孩子取名郭开贞。他的妻子杜福莼，因怀胎中曾梦见一只小豹子咬住她左手虎口而被惊醒，便给新生儿起了个乳名叫文豹，又喊八儿。不过，这些大名与小名世人所知的都不多，叫响了的是另外一个名字。

那是二十七年后，即公元一九一九年，当远在日本留学的郭开贞为了投寄和发表自己创作的新诗而另取笔名的时候，他的思绪穿越万里风云，飞回到故里门前流过的两条河上：一条是汇入长江的大渡河，古书上称为"沫水"；一条是雅河，古称"若水"——他将两条河"合流"在自己笔下，一个带着强烈怀乡色彩的新诗人的笔名"沫若"便出现在那年九月十一日上海出版的《时事新报》副刊《学灯》上。从此以后，这个名字便同二十世纪中国新文化运动和社会变革的一幕幕波澜壮阔的历史联系在一起，同一位文学巨匠、历史学家和社会活动家的生平业绩联系在一起，为世人所熟悉，为世人所景仰，也为他的家乡、峨眉山下大渡河畔的沙湾小镇增添了荣耀。

在今天属于四川省乐山市沙湾区的这条沫水街上，诞生了一代文豪并伴随他度过童年和少年时代的郭家旧居，受到了当地政府和人民群众的悉心保护。一尊高大的神采奕奕的郭沫若铜像，于一九九二年沫若百年诞辰纪念之际矗立在濒临大渡河的十里长堤之首，仿佛在沉思又像在远眺的伟人终于又回到了哺育他的"绥山毓秀，沫水钟灵"的故乡热土。眼前的一切似乎都在为过往的岁月作证，向来自四面八方的慕名踏访者诉说着从这里开篇的一个漫长、艰辛又富有启迪意义的人生故事。

沙湾郭家原籍福建省宁化县，先辈于清乾隆四十六年（公元一七八一年）迁居沙湾。初入蜀的时候，郭家很穷，传说是肩上背着两个麻袋落脚此地的。后来到了郭沫若的曾祖父这一代才开始发迹，置起了产业。到他祖父辈，家里才有了读书人，但祖父郭明德却是一个在外面"讲江湖"的人，因为左太阳穴上有个金色痣印，所以有"金脸大王"之称。他曾执掌过沙湾的码头，这样的角色总有些仗义疏财和不顾家的地方，因此在他手上家运反而不济了。郭沫若的父亲郭朝沛就没有读过多少书，十三四岁便外出学生意，没上半年被唤回来当家管事。他为人干练，算盘打得很精，酿酒、榨油、贩卖烟土、兑换银钱、枭纳五谷，样样都做，不几年间家业又兴旺起来：买田、买地、买房廊、买盐井，地主兼营商业的郭家成了这百十户人家的沙湾镇上数得着的富户。

　　比起出身低微、发家致富的郭朝沛来，他的发妻、离沙湾不远的杜家场人杜福荪却是一位官宦人家的女儿。她的父亲杜琢璋是咸丰年间的进士，在云贵做过几任县官，后来升任黄平州州官。就在杜福荪刚满周岁那年，贵州苗民"造反"，攻破了黄平州，这位忠于大清朝的州官不仅自己"殉节"，还手刃了一个四岁的女儿，其妻谢氏和一个六岁的女儿跳池自尽，襁褓中的杜福荪则被一位刘奶妈抱着冒死逃难，辗转回到了老家。虽说是"名门之后"，但父母双亡、家庭败落，杜福荪没有沾上官家小姐的习气，即使在嫁到郭家许多年、生了十一个子女以后，她仍然是一个终日辛劳的家庭主妇。郭沫若开始记事后，母亲背上驮着小弟，一双冻红的手在菜油灯下洗涮、忙碌的情景，给年幼的他留下了清晰的印象。

　　郭沫若出生的时候还在光绪年间，列强虎视眈眈下的满清帝国经过两次鸦片战争的折腾，已经凋敝、贫弱到了极点。内忧外患的阴影笼罩着神州的每一个角落，但对成长在西南僻静山乡的郭家子弟来说，衣食无忧的小康生活和"家住峨眉画里"的幽美环境，却使他们像一群乐游原上的小鸟。早年辍学的郭朝沛十分重视子女的教育问题，也是个热心公益的人，在他出资兴办镇上的新式小学很久以前，郭家就有自己的私塾了。这家塾因面对着郁郁葱葱的峨眉第二峰才被叫作"绥山馆"，邻县犍为的廪生沈焕章被请来坐馆。郭朝沛考上秀才的长子和一个侄子都出在这位执教有方的沈先生门下，因此绥山馆和它的主教名闻遐迩。那副悬挂在馆门前的对联"雨余窗前图书润，风过瓶梅笔砚香"，以及时时传出竹篱外的琅琅读书声，竟对尚在淘气贪玩中的八弟文豹产生了强烈的诱惑。

四岁半的蒙童

  郭沫若是四岁半上自己"要求"父母将他送到绥山馆读书的。许多年后他回忆这段难忘的童年生活时，曾深情地说："一生之中，特别是在幼年时代，影响我最深的当然要算我母亲。我的母亲爱我，我也爱她。""母亲事实上是我真正的蒙师。"

  从小成为孤儿的母亲虽然没有上过学，但却凭着资质聪慧，耳濡目染地识得不少字，还能背诵好些唐诗。忙完家务有了空闲，将小儿女们团坐在膝下爱抚的时候，她会随口吟道：

> 淡淡长江水，悠悠远客情。
> 落花相与恨，到地亦无声。

  伏在她膝盖头上听得入神的八儿，也会学着那悠扬的声调，亦步亦趋地念诵起来。虽然唐代诗人韦承庆的这首《南行别弟》他还似懂非懂，可一粒古老诗国情意绵绵的种子，也许就在不经意间撒进了这位未来诗人的心中。而另一首音韵铿锵、形象鲜明的《翩翩少年郎》更能逗引起他的兴趣和好胜心，简直"撩拨"得他将念诗和读书当成是一桩轻松、好玩的游戏了：

> 翩翩少年郎，骑马上学堂。
>
> 先生嫌我小，肚里有文章。

当活泼、伶俐的八儿跨在一根当马骑的小竹竿上，笃笃笃地满天井跑，一面摇头晃脑地念诵着这首古代劝学的儿童诗时，做父母的会欣慰地想到兄弟排行中，八儿恐怕是块读书的好材料，因为常有这样的情况：比他大四五岁的五哥每晚在灯下背诵白天塾师布置的功课，翻来覆去也"嚼"不熟，躺在床上或在灯下玩耍的八儿一旁听着听着，反倒过"耳"成诵了。

母亲的手很巧，会绣花，自画自绣，常得到邻里的夸赞。文豹最喜欢睁大眼睛盯着母亲，看她俯身在绣绷上一针一线地挑出花花绿绿的图案。有时他还会拿来哥哥们的画谱，对照着母亲手绘的绣样比较一番："娘，你画的荷叶怎么是从荷花梗上生枝的呢？"

"啊？……娘全靠自个儿想的，哪比你们的画帖儿呢！唉，还是做读书人好啊！"

然而，无忧无虑的生活自从八儿进了家塾便一去不复返了，"翩翩少年郎"没有想到，绥山馆里的读书生涯一点也不"轻松"。当父亲领着穿戴整齐的他在孔子牌位前烧香磕头，毕恭毕敬地向沈先生行过拜师的大礼后，这进塾的小人儿就像"穿了牛鼻子"的蛮牯儿一样，被根看不见的细绳儿牢牢拴住；细绳儿的另一头，则稳稳地握在沈老学究手中了。开蒙第一课《三字经》就难住了他。"人之初，性本善，性相近，习相远……"这类连大人都头痛的难题，同母亲念的好听的唐诗相去太"远"，哪像"骑马上学堂"那样跟自己"习相近"啊。如此这般，念不上三天，他就无师自通地学会"逃学"了。

既已"穿了牛鼻子"，也就逃不远。被父亲的大手捉住死拖活拽地抱回家塾不算，还让同窗笑话为"逃学狗"，连"肚里有文章"的一点傲气也给"羞"掉了。最可怕的是先生手中的戒尺，一旦违反了塾规，就由它来体现"师道尊严"。"不打不成人，打到做官人"——这被称作"扑作教刑"的不成文法，是用戒尺"写"在一代又一代莘莘学子的皮肉上的。那刑具一般的戒尺，是一根三四厘米厚、近一米长的竹片，从塾师手中无情地抽落下来，不是落在掌心里就是落在屁股上，两者之中以后一种最为难堪。"小犯人"得自己端着板凳走到孔圣人的牌位前，乖乖地撩起衣裳、褪下裤腰伏上去，当众露出光屁股，等着"大成至圣先师的化身"来执法行刑，一下、两下、三下……再淘气的捣蛋鬼也要在那板凳和竹片之间战栗不止，先天的疼痛感和后天的羞耻心、自尊心一起经受着"嗖嗖嗖"的考验。那从书本上刚刚识得的方块字中，恐怕只有这进出血泪的"鞭笞"二字该记得最牢了。

这还是"正式的打法"，要是"非正式"的呢，那就没准儿了。绥山馆里的做法是隔着衣裳、隔着帽子乱打一气，刑具也因地制宜，先生手中的"戒尺"打断了，会从屋外的篱笆上抽出根细竹来接着打。没头没脑地抽打，特别是衣帽穿戴都很单薄的季节，被惩罚者身上和头上的肿块、伤痕更加少不了。

这样的打法竟有个挺开胃的名称："笋子炒肉"。

当年幼的八儿带着头上被先生打出的包块，晚上睡觉都不能落枕，独自躲在被窝里嘤嘤哭泣时，母亲发现后问了个明白，既心疼又生气：不好好读书，吃这样的苦头！第二天弟兄们去上学，她特地给八儿换了个旧帽子。这是家里大人戴过的一顶硬壳帽，宽松舒适，里面还有四个毡耳。娘的本意是为他护伤，但头上的肿块消失后，八儿却不愿意摘下这宝贝"头盔"了，因为它的硬壳正好能对付先生的"笋子炒肉"：尽管细竹鞭抽得嘭嘭直响，但脑袋瓜子一点也不疼。

谁知秘密首先被一起上学的五哥识破。八九岁的他同样是家塾里的一名经常受罚者，自然想将这好玩又暗藏机关的硬帽子戴到自己头上去。在家里有娘护着争不过八弟，便在上学路上抢，一直闹到孔子牌位前惊动了老师，露了馅。这样一来，那戒尺或细竹条再施威风时，便没有隔"帽"搔痒的便宜事了。"把帽子摘下来！"先生一声吆喝，站在他面前戴着"头盔"的"小犯人"头皮子又发麻了……

心疼孩子的母亲也没有办法了，除了规劝他放乖点、再放乖点外，只好摸着那又不能"落枕"的小脑壳直叹气。

比起终年为生意奔忙、脸上难得有舒心笑容的父亲来，开朗、乐观、慈爱的母亲对孩子的影响和潜移默化也许更大些。许多年后，郭沫若还生动地记叙过这样一个关于"芭蕉花"的童年故事。

母亲因为多子女和过于操劳，身体很弱，每年交秋都要发一回"晕病"，茶饭不进，终日卧床呻吟，差不多要拖半个月之久才慢慢恢复。能治这病的良药是一种偏方：芭蕉开花后，雌蕊中的蕉籽。而在沙湾要找芭蕉花并不容易，一来因为四川的芭蕉很少开花，二来芭蕉开花被乡里人视为祥瑞，不肯摘卖。因此每年一到这时候，四处寻买芭蕉花就成了全家人的大事。

郭沫若五六岁上，娘的病又犯了。一天，他同五哥在离家半里路的天后宫玩耍，隔着窗户看见一座关着门的庭院内，有簇碧绿的芭蕉正粲然开着朵大黄花。小哥俩高兴极了，望望四周无人，大的擎着小的翻过那一米多高的窗口，两人轻手轻脚地踅入园中，喜不自禁地摘下那芭蕉花。五哥把花藏在衣袂下，牵着八弟的手，又翻过窗口离开天后宫，一溜烟地跑回了家。没想到，当八儿从五哥手中接过那朵珍贵的大黄花，兴冲冲地献到母亲的病榻前，等着她面露笑容时，有气无力的娘问这花从哪儿来，回答是掐自天后宫的庭园，病中的母亲勃然大怒了："快给我跪下！快给我跪下！娘生下你们这样的不肖之子，怎么对得起祖宗，还不如病死了好！"

八儿从未受过母亲如此训斥，真像遭五雷轰顶，两耳欲炸，懵里懵懂地跟着同样惊诧又糊涂的五哥，跪在母亲的病床前不敢做声。不一会儿，父亲走过来，也知道了缘由，更加怒不可遏，将两个小肇事者拉到堂屋里的祖宗牌位前，结结实实地抽了一顿掌心，还狠狠地说："这手上没有长眼睛，也该长长记性！"

原来，那天后宫是祖籍福建人家祭祀祖宗、祈求平安的圣地。"天后"即东南沿海一带民俗中敬奉的"妈祖"，又称"天妃"，是至高无上、法力无边的海神。沙湾郭家是福建移民，入川以后也带来了闽地的风俗，仍然迷信着这位天后圣母的庇荫。如今伤了宫里的花木，自然是亵渎神灵，这还了得！小弟兄俩挨了罚，那担惊受怕摘来的芭蕉花也归还了原处。可怜八儿对母亲的一片孝心，竟也像那包在黄色花瓣里的苦涩蕉籽一样，白白地蔫萎在天后娘娘那泥塑木雕的座台前了。

幼年郭沫若在家塾里所遭受的，还有一种"诗的刑罚"。那是发蒙两三年后，沈先生开始教学生做对子了。起初是两个字，渐渐做到五个字，后来做到七个字以上，还要跟着他学做为了将来应考的"试帖诗"。对说话尚未条理顺畅的儿童来说，讲什么是平仄虚实、音律对仗，已属对牛弹琴了，再做那难上加难的"赋得'山雨欲来风满楼'得'楼'字"之类的科场诗题，岂不是要了他的小命！而且又是在那样气氛压抑、束缚身心的如囚室般的课堂上，对不出、诗不成是不准离开座位的——枯坐半日或终日所受的身心煎熬，比挨几下"戒尺"的痛楚，有过之无不及。

当然也有例外，沈先生在课余休息时，并不古板也不严厉，高起兴来还会带学生一起出去游玩。有一次钓鱼回来，沈先生在课上评字的时候，顺手写了"钓鱼"二字当堂索对。那时郭沫若刚看过一出名叫《杨香打虎》的木偶戏，见先生出的上联，便脱口而出"打虎"，先生听了竟拍案叫绝，反倒将他吓了一跳。比他大三岁的一位堂兄，想了半天才想出个"捉蝶"，先生说勉强可对。后来，老师还对郭朝沛称赞"八公子出口不凡，将来必成大器"。

在家塾里所读的诗书中，郭沫若最喜欢的还是气象万千的唐诗，比较易懂的《千家诗》反觉兴味浅淡；唐代诗人中他最喜爱的要数王维、孟浩然、李白、柳宗元几位，而不是杜甫，对韩愈的诗文甚至抱有反感。为什么对王维情有独钟呢？日后成了大诗人的郭沫若说，他喜欢王维那种"全不矜持，全不费力地写出了一种极幽邃的世界"的诗篇，像《竹里馆》：

> 独坐幽篁里，弹琴复长啸。
> 深林人不知，明月来相照。

还有李白那些瑰丽奇伟如《日出入行》的诗章，同样令他神往和吟味不已。这一切，固然跟这位未来诗人的气质禀性有关，恐怕也和他生长的这片山水和环境的熏陶分不开的吧。

"服"了几年的"诗刑"，从那些搜索枯肠"挤榨油渣"式的对句作诗中，少年郭沫若渐渐地摸索到了旧体诗歌写作的门径和路数，在先生的指导下能够写出比较自由活泼也贴近周围现实的习作来了：

> 屋角炊烟起，山腰浓雾眠。
> 牧童横着笛，村老卖花钿。

这是他最早写出的《山村即景》，将峨眉峰下的故里和乡亲都摄入了线条简洁的画面。同大自然的亲近，给刻板枯燥的家塾生活增添了生机与欢乐，郭沫若常常带着弟妹和侄子们去野外踏青、放风筝、垂钓，有一首《茶溪》生动地记录着其间的趣事：

闲钓茶溪水，临风诵我书。

钓竿含了去，不识是何鱼。

　　旧体诗的格律没有束缚住一颗奔放、跃动的诗心。家乡明媚的山水和绥山馆里的严师一起，惊喜地见证着这注定要在已经来到的新世纪里开一代诗风的早慧的诗才。

私塾里的"革命"

时代的蜕变也悄悄渗透进僻静的绥山馆里。随着郭沫若年岁的增加，塾师沈焕章的教学方法和教学内容都渐渐地发生了质的变化。

"扑作教刑"的细竹条不再在孔圣人的牌位前挥动了，折磨了莘莘学子多少年的八股文也被丢弃一旁。桌上的课本于一成不变的古代圣贤书外，增添了别开生面的《地球韵言》和《史鉴节要》——这两部用四言韵语写成的介绍世界地理、历史知识的简明教材好读易懂，真像是从黑屋子里最早打开了两扇"天窗"，让身心遭受禁锢、求知欲旺盛的儿童，豁然瞥见了天外广阔的世界和远方陌生的人群，接触到了许许多多新鲜有趣的事物。课堂上的气氛顿时活跃起来，鼻梁上架着眼镜、表情严肃的老师也似乎变得和蔼可亲了。没过多久，上海出版的新式教科书如格致、国文、修身、地理、地质、东西洋史等，也陆陆续续地涌进了课堂。

十六岁就进学坐馆教了几十年书的沈先生，是一位与时俱进、诲人不倦的好老师。他在家塾的墙上张贴起一幅《东亚舆地全图》，红黄青绿的各种色彩，天天吸引着学生们好奇的目光。为了讲一部教会学堂编印的《笔算数学》，老先生自己先学一遍再教，从加减乘除一直教到开方，那书上用的阿拉伯数字都是工整的楷书，头一回见到这洋数码的老秀才和他的门徒们当然只得依葫芦画瓢，一笔不苟、中规中矩地书写和运算……许多年后郭沫若回忆这段生活，想起那场面来都觉得好笑，但他对早年老师的"锐意变法"却是打心眼里感激和佩服的："在周围邻近乃至县府城中还不十分注意的时候，我们独能开风气之先，很早地改革过来……这是他卓识过人的地方。像他那样忠于职守，能够离开我见，专以儿童为本位的人，我半生之中所见绝少。"

促成这场"家塾革命"的另一位功臣，是郭沫若的大哥郭开文。这位比八弟大十五岁的长兄，自一九〇三年考入成都刚兴办的东文学堂以后，深受维新思潮的影响，成了启蒙运动的急先锋和风云一时的新派人物。他利用在外面读书之便，将能够采购到的新学书刊寄送回乡，"像洪水一样由成都流回我们家塾里来"。什么《启蒙画报》《经国美谈》《新小说》《浙江潮》等等，源源不断地接到手，极大地激发了少年郭沫若对新知识、新思想的汲取和渴求。他尤其爱读内容丰富、文字浅显、装帧漂亮的二十四开本的《启蒙画报》，不但对书中的记事感兴趣，而且还用纸笔描画那上面的插图，涂以各种颜色，贴在床头的墙壁上欣赏。从这些新书报上，郭沫若了解到刚刚过去的历史和正在发生的事件：康梁变法，庚子赔款，日俄战争；废科举，兴学堂，修铁路……如果说这一切对小小年纪的他来说还太遥远的话，在大哥等人倡导下自己家中和沙湾镇上的变化却是贴近的：母亲放脚了，妹妹读书了，乡里办起了"蒙学堂"……就连那学堂门口的对联，也令人耳目一新：

储材兴学

富国强兵

这"富国强兵"几个字，虽不如家塾门前的那副诗情画意的对联来得雅致，但它念起来却有一种紧迫感、现实感，就像大哥常讲的"实业救国"和后来常喊的"打倒帝国主义"的口号一样，已开始给他留下"很响亮"的印象。

蒙学堂由于办得较晚，郭沫若没有能进去，但开明的沈焕章老师却让他的学生们跟蒙学堂里受过新式师范教育的刘先生上"洋操课"，因为这是他老人家无法教的一门新学科。每到这一节课，不仅全体学生们的兴趣很浓，"差不多一街的人都要围拢来参观"，因为这是沙湾镇上从来没有过的新玩意，如此轰动，也可以说是"家塾革命"最为精彩的一幕了。

深受欢迎的"洋操"，其实也就是立正、稍息、一二三齐步走之类，谈不上多少深文大义，但先生的口令却很怪：立正叫"奇奥次克"，向右转叫"米拟母克米拟"，向左转叫"西他里母克西他里"，走起步来便"西呼米、西呼米"地喊着。虽然被操练者和围观者都一样莫名其妙，但唯其"莫名"才觉得它是真正的"洋货"，更觉得好玩、有趣，且不说活动身心原本就是青少年健康自然的需要了。到了后来这"东洋景"才被揭开：成都才办新学时，花很多钱从日本请来大批"教习"，连皮匠师傅都跟着来了，这骗小孩的"洋操"就是这类东洋教习的"杰作"，却无人将他们的东洋口令翻译一下，由此也可见当时国人办事的草率了。

当然，郭沫若九年的家塾读书生涯并没有虚度。他在严师、慈母和父兄的督导、关怀下，度过了一个新旧世纪的更迭转换，为未来岁月的艰难前行和日后的更大发展打下了比较扎实的知识基础。

少年叛逆者

一九〇五年秋天，刚满十三周岁的郭沫若在父亲的陪同下，去嘉定府城报考新创办的乐山县高等小学。乐山即府城所在地，大渡河、岷江和青衣江都从这里流过，举世闻名的乐山大佛就矗立在面临三江口的凌云山西壁。自古有言，"天下山水之冠在蜀，蜀之胜曰嘉州"，苏东坡、黄庭坚、王渔洋、何绍基等历代名人都曾在这里题咏，留下不少胜迹。当舟近府城，从山光水色中望见那隐现出高高城垣的飞甍跃瓴、塔尖楼影的时候，来自沙湾的乡镇少年惊异得有如"哥伦布发现了新大陆"。

由于科举刚废，小学毕业的资格即相当于秀才，所以报考者很多，不少三四十岁上的老童生都赶来了。考场就在当年的考棚，差不多挤了一两千号人。考题是一道国文题和几题数学，郭沫若很快就交了卷，又顺利通过复试，在正取九十名中考上了第十一名。看过榜后，郭朝沛脸上露出了难得的笑容，带着这争气的八儿在城里走了好几家亲戚。一位舅太爷说："杜家的一门风水传到五姨娘（指郭沫若母亲）那里去了。"

第二年初春开学。学校是在城北草堂寺的原址上改建的，校舍规模不算小，有相当大的操场、讲堂、自修室，所有学生都住校。因为是新旧交替的时代，学生年龄相差很大，三十岁上下的成年占半数以上；郭沫若属年纪最小的一拨，做操排队站在倒数第三个。

出乎意料的是，这样难进的新式学校，"课程贫弱到不可思议的地步"。

几位任课教师都是科举时代的人物。监学易曙辉是一位副榜，从前教散馆时就因对学生厉害而出名，得了个"老虎"的绰号。他教的是乡土志，将嘉定城附近的名胜沿革和历代诗文吟咏作为教材，尚能引起郭沫若的兴趣，但听他的课却是一桩苦事，坐在凳子上不许动一下，动则大发"虎威"。另一位帅平均先生是廪生，且曾留学东洋，任教算术、音乐、体操和读经讲经。四门之中，算术只会照着抄本教些图画一样的罗马数字，演算起习题来连加法都要弄错；体操号称"柔软体操"，实则不过是他在日本学来的一些"舞俑"的步法；音乐他最自鸣得意，按着风琴教唱几首流行的爱国歌而已；真正可取的还是读经讲经课，他从清末四川名儒、经学家廖季平那里学来的有关《礼记》等典籍的分类教学法，条理清晰亦多有创见，将艰涩的学问教得学生不觉辛苦。初生牛犊的郭沫若在念"汤盘铭"上那段"苟日新，日日新，又日新"的著名古篆文时，竟大胆怀疑"苟"系"父"之误，"日日新"的第一个"日"字为"祖"之误，"又"应作"子"，认为这句话并非专指个人，而是涵盖祖孙三代，以父为中心，三代日新，自强不息，较之原句意义更深远，故以为铭。这样的"新见"得到帅老师的肯定，称赞他肯动脑筋，"后生可畏"，这对许多年后这位"后生"的真正成才恐怕都是一种雄心和批判力的"启动"。

此外，还有一位刘书林先生也是廪生，人很温和，教历史、地理和作文。

将"新学"理想化又满怀求知热望的郭沫若，面对如此"轻松"的课程和"陈腐"的师资，很快产生了失望和焦躁的情绪。才第一学期，他就成了操场上的"玩家"：抛沙作戏、打兔子洞、翻筋斗，不到上灯，自修室里见不到他的影子。有一次，他和小伙伴在原先寺庙的观音院里玩耍，爬上后殿的莲台，在三尊送子娘娘塑像的肚子里发现了从前和尚们对祈求子息者行骗的秘密，激起了"偶像破坏者"们的义愤，推倒泥菩萨不算，还对着它们撒起尿来，弄到施主们抗议。校方在木栏外加了护壁，他们才无缝可钻。

在这样无聊的学习生活中，他结交了一位叫吴尚之的好友。两人同年同月生，脾气也相投，只是吴同学温文些且用功得多。两人间有一个暗语——每当晚自修时，只要有一人说声"奋飞"，两双腿脚便飞出了校门。虽说得有假单方能出去，但稽查已被他俩串通，城里游逛一两个钟头回来，带包咸牛肉或豆腐干给稽查下酒，也就无话了。

他俩"奋飞"出去做什么？多数时候是吃酒。吴同学家里是卖酒的，他们学着大人的模样，借酒来消磨时光、排遣郁闷，借酒来沟通感情、加深友谊。在新旧交替时期的这两个小小少年，就像是三江口上还没有绑好舵座的木排，在激流和漩涡中颠簸着、奔突着，寻找着自己的方向……

尽管第一学期只顾玩耍，但期终考试的结果，郭沫若得了第一名。

这出人意料的好成绩，竟惹恼了那些年龄大他一两倍、名次却比他低得多的老童生。他们不服气了：

"这个贪玩的小孩子，凭什么得第一？"

"靠他那张白嫩的脸蛋招人喜欢吧？"

"哈哈，还有盘辫子的红头绳呢！"

（当时男人还结辫子，而用红头绳盘则是沙湾郭家的习惯。）

"查考卷！查考卷！"

……

闹事的老童生们不但拥在教务办公室周围起哄，要求查阅考卷，而且一个胆大的家伙竟一把扯下墙上贴的成绩榜，学堂里的气氛立刻紧张起来。蒙在鼓里的郭沫若走过去看热闹，被一个三十出头的徐姓老童生抓住手腕，一面叫着"你好呀"，一面恶狠狠地将郭沫若的手腕握出了血痕。

那时高小的校长已辞职，管事的"易老虎"正请着病假，只有很软弱的帅先生跟他们周旋。帅先生被逼得没办法，只好以端午节请过一星期假回家为理由，扣了郭沫若几分，名次降到第三，"撕榜风潮"才算平息下去。

老童生们哪里知道"贪玩的小孩子"在家塾里就接受过相当扎实的知识教育，他的记性又好，复习迎考也下过些功夫的。再说端午节回家，完全是校方准许，说好不扣分，怎么能出尔反尔呢？帅先生不坚持原则，不惩戒狂妄的肇事者，竟屈服于压力，岂不是将他们泼出的脏水向郭沫若身上倒吗？

"是可忍，孰不可忍？"郭沫若受侮辱的心田里燃烧着怒火，他第一次接触到人间如此丑恶和可恨的事情，内心的叛逆性被激活了。

第二学期郭沫若回到学校，便决意向跟他过不去的人施以报复。有一天，他同几个曾被那徐姓老童生欺负的小同学联合行动，在中午大家盛饭时，每人每碗都盛很少一点，这样轮流把着饭瓢让那些大肚皮的家伙添不上饭，一碗饭刚吃完，他面前的菜也被小同学们扫光了。

徐老童生向当上了校长的易先生告了一状。易校长便将郭沫若等人找来对质。原、被告双方各执一词，徐说小同学习顽，小同学说人多瓢少，办公室的窗外挤满了看热闹的人。平时就虎威十足的易先生不断地喝退围观者，但没有用。当一位小同学申诉说："他平时太抢嘴了，我们都抢不过他。今天他没有抢赢我们，就来告我们了。"话音还没有落，窗外一片哄笑。

"易老虎"先是忍俊不禁，但又不愿放下架子，为了要显示他维护校纪的尊严，竟出人意料地甩了那小同学一记耳光，小同学被打哭了。

"易先生，你这样打学生未免野蛮！"站在一旁的郭沫若义愤填膺。

"是的，野蛮！野蛮！"窗外的同学也叫喊起来。

"野蛮校长，太不文明！……"抗议的声浪压倒了"虎威"，仿佛山林里的猴子造了反似的。"老虎"先生怫然而去。自觉太丢面子的他提出要辞职，这一来，将学堂里里外外都惊动了。

结果是：易先生被挽留住了；郭沫若被记了大过，其余几个小同学被"禁足"两周。

　　经过了这场"饭瓢"引起的风波，郭沫若在同学中的威信反倒树立起来，差不多成了学堂里的一个小领袖。而他本人却比过去更加放任：喝酒、游逛、抽烟。总之是想极力摆脱孩子气，装大人的样子，甚至解开那曾遭非难的红头绳放下盘辫，接上假发，梳了根长辫子拖在身后，自以为"成熟"了不少。

　　但在学业上，他始终是名列前茅的。虽说那些浅显的课程仍不能使他满足，旧学方面的兴趣却在增长，对国文和读经讲经都很留意，年假在家还精读了一部《史记》。他非常喜欢太史公的笔调，司马迁笔下的屈原、伯夷、信陵君、聂政、高渐离，一个个栩栩如生的历史人物走进他心灵的视野，他们的气节、品格和人生遭际令他神往、令他同情，为他思想的成长和今后的创作积累了丰富的营养。凭着少年锐气和书本知识，他还从《伯夷列传》里发现了一处被所有古代注家解错了的地方，而且是贯通文意的关键字句。这类有益的考证，自然也提高了他钻研古籍和独立思考的能力。

　　郭沫若在乐山县高等小学只读了三个学期，一九〇七年初夏，他以第三名的优等生成绩提前毕业。同年秋天，他升入嘉定府官立中学堂。

　　学堂的地点在府城乐山的中心，面对最热闹的玉堂街。校长是旧县官出身，对办学外行，由他所聘的教习也就可想而知了。以"不通"出名的张监学在开学典礼上致辞，一开口就出了纰漏："学问之道，得于师者半，得于友者半，得于己者半……"

　　台下哄笑起来，他居然还很得意，由此落了个"三半先生"的外号。当此绰号传到他耳边时，他竟反驳说："一个柑橘不是有十几瓣（半）吗？"

教地理的林先生分不清地图上的坐标，讲日本在中国之南，朝鲜在日本之东，公然在堂上大谈五行八卦的辨正方位，弄得地理课比《山海经》《淮南子》里的《地形训》还要神秘，因此也得了个"五行教习"的雅号。

尽管比小学高升了一个阶段，同学又是聚集了从全州各县来的四五百名学子，但郭沫若在这样的环境里仍然感觉不到求知的满足和学校的温暖，焦躁和怀疑依旧占据着他整个的身心。"奋飞！奋飞！"这个当年晚自修时弃学游逛的暗语，已不再止于形容他在嘉州山水胜迹和市井酒楼间的放浪形骸了，而是托起他对更遥远、更广阔的域外天地的向往——此时他的大哥和五哥都已离家万里出国去日本留学，而家中父母也打定主意：再不能让这个令他们操心的八儿出远门了。

少年人的心却是锁不住的。自从高小第二学期郭沫若在与"易老虎"的交锋中颇出风头以后，第三学期又因为当学生代表在争取星期六半日休假的风潮中"闹事"而遭校方"斥退"（开除）。这在当时有如秀才被革成白丁一样，是很吓人的。郭朝沛专程从沙湾赶来，奔走、疏通关系，在县城学界人士的干预下，校方才勉强收回成命，将斥退牌换成了"悔过自新准其复学"的告示，郭沫若又回到学校。经过了这番摔打磨炼，少年叛逆者的头角更加峥嵘了，在社会上和同辈人中的名气也大起来。升中学后，无聊的学校生活和远走高飞不得的苦闷，又使他消沉和自暴自弃，他成了校内最爱游耍滋事的"八大行星"之一，还参加了城里一群富家游逛子弟组织的"转转会"，用他自己的话来说，"已经到了堕落的边缘"。

　　幸好学校的教学状况有了较大的改善，担任过成都师范监学的新校长带来一批比较整齐的师资，又唤起了郭沫若学业上的进取心。他在经学大师廖季平的另一位弟子黄先生的指导下，继续着他业已开始的对先秦典籍和经学遗产的学习与研究；在课外，他阅读了大量的书报和期刊，如章太炎的《国粹学报》、梁启超的《清议报》以及风行一时的"林译小说"。世纪初年资产阶级革命家鼓吹的民主思潮，《迦茵小传》中女主人公的爱情悲剧，《撒喀逊劫后英雄略》中充溢着的爱国精神和浪漫情调，《英国诗人吟边燕语》（即《莎士比亚戏剧故事集》）的那些如"车辙古道一般"留下不灭印记的精彩情节，都深深地撼动一颗敏感又年轻的心，给早年郭沫若对文学的爱好、对新生活新世界的渴求，施以了重大的影响。

　　坐落在高标山麓府城闹市区的中学堂并不平静。一九〇九年十月，在学校参与风潮的郭沫若又遭到校方"斥退"。这个严重的处分是不公平的——"不公平"到被他不无夸张地称之为"自有人类以来所未有"！

　　事情是这样的：新旧交替的年代里，四方杂处的中学生中颇多不安分的闯祸因子，就像俗话说的，"考试的童生、出阵的兵"（意指这两种人都骄纵惹不得）。一个星期天的中午，"府中"学生在萧公庙的戏场里看戏时，恰好同王爷庙驻扎的士兵碰到一起，发生了斗殴。大打出手中，双方都有人受重伤，士兵方面因寡不敌众先逃走了，人多气盛的学生们拥着重伤员要去兵营论理，半路上被郭沫若等人撞见，劝阻回到了学堂。因校长不在校，群情激愤的学生们找到了监学和教务长，为大伙出面代言、向师长陈诉事由的，偏偏又是爱打抱不平的郭沫若君。

当时这两位校方管事人还是站在学生这边的，而且去了王爷庙，但当他们从那里"谈判"回来后，非但没有带回学生们提出的营长到校致歉、开除肇事士兵和赔偿重伤学生医药费用这三项条件，反而传达了令学生们大为不满的另"三条"：

一、营长因公上省，副营长公务正忙，不敢擅离职守；

二、在国家有事的时候，不能轻易开除兄弟以涣散军心；

三、对方的受伤者更严重，学堂的两位先生去慰问过。

学生的要求没达到，却成了主动去赔罪的，被人倒打一耙；而先生们的表现呢，则同样令人失望和气恼：他们竟将在军门前折了的威风又抖擞回来，在学堂里大大训斥了同学们一番。这样到了第二天，没有一个人上课了。

校外冲突演变成校内罢课。校长在第三天回来后，立即采取平息风潮的高压手段：宣布斥退八人，记了几十人的大过。被斥退的八人中竟有并未参加剧场打架、只代表学生讲话的郭沫若；在他看来最不该的还有，那受伤最重、平时十分驯良的同学也被斥退了。更残酷的事实是，这位来自洪雅县的老实少年被开除离校后，心忧如焚，内伤大裂，竟吐血死在回乡的竹轿里。

不过，对郭沫若而言，这次错遭斥退的飞来横祸未尝不是个人命运中的转机——他早就想跳出府城这个"井底"了，外面的世界强烈地吸引着他——"此处不留爷，自有留爷处"。在沙湾家中住了一段时间，一九一〇年二月，刚从日本回国不久的五哥领着他去成都求学。

成都是省城，最高学府成都高等学堂有所很有名望的附属中学，因主事者不满意"附属"二字，故改称为"四川官立高等分设中学堂"。郭沫若和同在嘉定府中被斥退的好友张伯安，一起去拜见这所分设中学的都校长。校长看了介绍信，问他们带笔墨没有，当场出了道考题《士识器而后文艺》，限两小时内做篇作文。他们按时交了卷，都校长一看还满意，点头说"明天就来上学吧"，并安排他们插进三年级的丙班。

郭沫若以意想不到的顺利，坐进了省城名牌中学的课堂。然而也许是他所抱希望太大，对教学质量的失望也接踵而来。在这个插班生的眼里，讲经学的成都名士只会拿着本《左传事纬》照本宣科；国文是老生常谈、早就念熟了的《唐宋八大家文》；历史呢，差不多就是"历代帝王的世系表和改元的年号表"；数理化教员有的连教科书都读不断句。因此入学不久，郭沫若又有了憧憬的幻灭感："成都和嘉定依然是'鲁卫之政'！"这里同样有"做官的教职员"和"骗文凭的学生"，人浮于事，权钱交易，省城学界的腐败情形比乐山更甚。

烦恼、悲愤和失望的情绪又时时溢满少年人的心头。像在乐山时一样，郭沫若又开始约三五友人喝酒、游荡，寄情于成都城郊众多的名胜古迹和四时旖旎风光之中：武侯祠、杜甫草堂、望江楼、薛涛井……处处留下他们的踪迹。与往昔不同的是，年岁渐长、阅历渐深的郭沫若更加关心国家大事了，与学友们的把盏交谈中，纵览天下风云、痛砭时弊、倾吐满腹牢骚和忧国情怀成了经常性的话题。虽然那时的他们还不可能看清中国社会矛盾日益尖锐化的本质和历史发展的必然规律，但外侮和内患所产生的普遍危机感和变革迫切性，已同样在波动着年轻人的热血了。当时有志于救国的知识分子，大都注重自然科学而轻视文艺，但郭沫若从小学起对数学就有点畏难，而对被人轻视的文艺又抱有浓厚兴趣，这就更加重了他内心的苦闷。

刚从多山的故乡踏入一望无际的川西大平原时，少年郭沫若确曾有过眼前豁然开朗、胸襟也为之敞亮的舒心和兴奋，将"斥退"那样的断崖绝壁也当成了通向天外天的阳关道。然而没有多久，身入"天府雄区"中心都会的他却在焦虑：脚下的"路"究竟在哪里呢？

难忘的辛亥年

　　一九一一年爆发的辛亥革命，像撼动了古老中华的惊雷，在四川盆地死水一般的社会生活里激起了空前的巨澜。这场推翻了封建帝制的民主革命浪潮，给分设中学堂里关心国事和渴望变化的郭沫若留下了平生难忘的回忆，带来了更多更积极的思考。

　　首先是这年年初，由成都学界发起的"国会请愿风潮"。

　　"立宪救国"本是资产阶级改良派提出的政治主张。在民主革命高潮中，满清政府为抵制革命，不得不下诏仿行宪政，玩弄起"预备立宪"和"召开国会"的骗局来。改良派信以为真，一九〇九年年底在上海成立"国会请愿同志会"，并于次年先后发动了三次请愿；清政府却以两面手法拖延时间，最后下令遣散请愿代表。由于四川偏远，当局又封锁消息，当外省请愿运动已平息下去，成都高等学堂才发动了国会请愿风潮。郭沫若所在的学校自然被卷入，他亦成了班上的学生代表，参与了在全市举行联合罢课的决议，要求四川总督赵尔巽代奏朝廷，不答应明年召开国会，誓不复课。

　　这位封疆大吏是皇室的忠实奴才，不但不代奏，而且在代表们第二次开会时派兵弹压，同时又由提学司通令各校禁止学生罢课，如有不听命的，不单处罚学生，还要惩办学校的办事人。"风潮"立刻转成了校方和罢课学生的对立，分设中学正值考试期，都校长在动员罢考学生进教室无效后，将严厉的目光投向了学生代表郭沫若：

"郭生！你可以叫他们上课堂啦！"

"连都督都叫不动，我怎么有那样大的魄力呢？"

"那么，你就先上课堂做一个榜样！"校长的声调咄咄逼人。

可"学生代表"也不甘示弱，他沉着地应对：

"大家都在为爱国运动甘愿牺牲自己的学业，我不能来做破坏运动的罪魁。"

一校之长气愤了："郭生！张生！都过来！"郭沫若和同乡好友张伯安都被召到他面前。"你两个！真对不住我！你们在原校被斥退，是我把你们收容进来，以为能改过自新，你们却又在这儿来肇事，把好同学都带坏了！你们到底上课堂不上？不上课堂我要斥退你们！"

"都先生，"平时很安静的张伯安也来火了，"士可杀而不可辱，你要斥退就请便！"

郭沫若没想到在嘉定府中就被他"连累"的伯安，这回又因他而遭殃。等待他俩的，当然是"斥退"。就在他们不无悲壮地从寒蝉无声的学堂里被逐出校门，暂时住进一家旅馆时，命运之神竟又一次向他们露出笑脸：郭沫若的大哥"从天而降"！

六年不见的大哥——留学日本的郭开文，回国后在上海做事，于宣统二年（一九一〇年）考上了法科举人，当上了京官，在法部行走，恰巧此时回省。前来拜会他的成都人士中就有那位都校长，而且还请他去兼任每周两节法制经济课。大哥自然"好说"，恢复两位斥退生的学籍也就"顺理成章"了。

就这样，郭沫若在成都分设中学堂又待了一年。

辛亥年发生在成都的另一件大事，是由清政府五月间颁布"铁路国有"政策，将各省商办铁路"收归国有"而引起的斗争风潮。它规模巨大，空前激烈，直接影响和推动了全中国的革命进程，史称"保路运动"。郭沫若也在这场斗争中开阔了眼界，增长了见识。

那是六月中旬的一个星期天，"四川保路同志会"在成都铁路公司召开的股东大会上成立。那天郭沫若去看望在铁路公司做科员的堂兄，也跟着进了会场。当主持人报告清政府将川汉铁路筑路权出卖给帝国主义的真相后，全场群情激愤，许多人失声痛哭。会后，大家前往藩台衙门请愿，发表宣言，誓死保路。原四川总督赵尔巽的继任、他的弟弟赵尔丰，同样是个镇压人民群众的刽子手，当八九月间全省抗议风潮伴随着抗粮抗捐蓬勃兴起时，他在成都制造了逮捕运动领导人和枪杀请愿群众的流血惨案，从而激起了更猛烈的反抗。同盟会等革命组织也伺机响应，组织保路同志军发动武装起义，占领州县，建立革命政权。一时间，清政府在四川的反动统治摇摇欲坠。

正当北京朝廷调兵遣将，忙于对付四川保路运动的时候，革命党人于当年十月十日在武昌起义，占领武汉三镇，成立湖北军政府。革命风暴由此席卷神州，一个多月里，半数以上的省份纷纷宣布独立。十一月二十七日巴蜀易帜，"大汉四川军政府"在成都成立，"屠户"赵尔丰迫于形势，不得不交出了政权。

这是一个翻天覆地的日子！一个扬眉吐气的日子！宣布独立消息传出的前天晚上，分设中学堂的进步同学就沉浸在狂喜之中。郭沫若带头剪了脑袋后面那根象征着臣服满清王朝的辫子，还与同伴一道，拿着剪下的辫子，去找那些胆小的学生和守旧的教员，敦促他们也采取"革命行动"。就连平日里最威风的都校长，那个背后被他们戏称为"都喇嘛"的学界官僚，也被这些造反少年逼得无路可逃，最后竟在谈笑嬉闹间被"咔嚓"一声剪掉了辫子……

郭沫若参加了革命党人在南校场召集的庆祝胜利的民众大会，当他在同盟会的公告上看到"孙文"这个早已景仰的名字时，心里特别激动，好像革命领袖孙中山亲自来对大家说话一样。在会场上，他结识了一批亮出了身份的革命者，有的就是他周围的熟人，如他大哥的同学、同盟会四川支部长董修武；同时从革命营垒业已露出分化的苗头里，他也模糊地预感到新旧势力的对立与交锋。果然，由于当权的保守派的纵容和封建势力的反扑，很快就发生了旧军人的哗变，使省城陷入无政府的恐怖状态。为了维护社会秩序，拯救新政权，兵变第二天，成都学界发起组织学生志愿军，热情高涨的郭沫若也自告奋勇地报了名。

他随着挑行李的脚夫来到新兵集训的武备学堂，走进分给学生志愿军住的寝室。一见那狭窄得只容得下身子、怕连转身都不易的新兵床铺，毫无思想准备的志愿者傻眼了："这怎么能睡呢？"从小就没有受过艰苦环境锻炼的郭沫若自然是待不下去的，跟同去的学生一商量，二话没说，扭头就叫脚夫把刚放下的行李挑起来，又回到了分设中学……

虽然没有当上学生军，郭沫若年轻的心在辛亥年底扭转了中国命运的历史大风浪中，还是接受了斗争的洗礼，萌动了革命所带来的新思想和新愿望。正是在这个时期里，他自小开始的旧体诗写作更勤、更多了，诗的题材和境界也因时事的演进发生了可喜变化。例如，他写过这样一首《咏牡丹》：

绝代豪华富贵身，艳色娇姿自可人。
花国于今非帝制，花王名号应图新。

牡丹自古享有"国色天香"的花王之尊，但在清王朝被推翻、由孙中山建立和就任临时政府大总统的"中华民国"揭开了历史新篇章后，连"花国"的"帝制"也被取消了，"花王"的名号应该"图新"：不言而喻，为少年诗人所赞颂的，是那场"驱除鞑虏，恢复中华，建立民国，平均地权"的民主革命。

学校放寒假，回乡的郭沫若在为沙湾人家撰写他拿手的自编春联时，一气编了二三十副，内容多是赞颂辛亥革命的。其中有这样一副：

故国同春色归来，直欲砚池溟渤笔昆仑，裁天样大旗横书汉字
民权如海潮暴发，何难郡县非欧城美澳，把地球员幅

竟入版图

虽然这副长联中不免掺杂了那时所流行的狭隘民族主义
情绪，但是郭沫若为辛亥革命所激荡起的爱国热肠和满腔喜
悦，却在这些洋溢着年轻稚气和浪漫色彩的字里行间充分地
流露出来。

婚姻悲剧

　　"故国同春色归来"的一九一二年，给弱冠之年的郭沫若带来的不仅是新生的"民国"，还有一桩令他失望和最终"反叛"了的包办婚姻——这出上演在封建家长制背景下的婚姻悲剧，从开场起就可悲地在不该凑合的一对年轻男女之间，设下了他们日后再也无法填平的鸿沟。

　　早在郭沫若十岁以前，家里就给他订过"娃娃亲"，那位命中注定要嫁给他的小姑娘，在未来新郎进入乐山小学读书那年就生病夭折了。成了"寡人"的郭沫若却暗暗高兴，因为此时的他已从读过的新旧小说中神往恋爱故事里的自由浪漫，而对自己的未来想入非非了。但随着年龄的增长，连弟妹也到了论婚嫁的时候，家中的父母为他着急起来。一九一一年十月，他在成都接到家书，说母亲已给他寻亲，女方是苏溪场张家，同郭家一位远房叔母是亲戚，幺婶亲自做的媒，去看过这位张家姑娘。信中说门当户对，姑娘人品好，正在读书，又是天足，所以用不着再征求他的意见，就这样订了"婚约"。

　　这封来自父母身边的"喜信"，却使郭沫若犯了难。毕竟是自己的终身大事啊，怎么能就这样匆忙地决定呢？但想到母亲是疼爱他的，幺婶又是母亲信得过的人，她们了解双方的性情和志趣，也会为他着想的；女方的条件又不错，如果反对不会伤母亲的心吗？自己是不是太苛求了？听从家中的安排，说不定她就是"深谷中的一朵幽兰，或者是旷原里的一枝百合"，"理想"得"可以共同缔造出一座未来的美好花园"呢。

几个月后，辛亥革命刚过，社会局势不太安定，郭沫若又放寒假在家，女方家长提出早日成亲；男方家长自然同意，郭沫若也抱着"机会主义"的花园式梦想答应了。佳期定在正月十五前后，虽然已是民国元年，但结婚仪式一切都按着旧例。当盛装的新娘坐着花轿，在二十名背着五子后膛枪的沙湾团丁组成的迎亲队伍保护下，迢迢几十里从苏溪场来到新郎家门口时，铁铳震天，鞭炮齐鸣，小镇街头着实热闹了一阵。

穿过吹鼓手夹道的礼乐声，头戴礼帽、身穿长袍马褂的新郎被人延引着，向那停在礼堂阶沿边的花轿走去。他对着这被重重帷帘围得水泄不通的花轿门拜三拜之后，花轿里已被闷得半死的新嫁娘才披着同样遮得严严实实的层层盖头，由伴娘挽扶着跨下轿来。说时迟，那时快，就在这新人凤冠霞帔下露出的"天足"应该如约出现在郭沫若眼前时，意外的情况发生了：

"啊，糟糕！"他心里叫起来，因为那只下了轿门的"尊脚"竟是一朵三寸金莲！

接下去便是这对新人并立在神桌前行大礼了。喜烛高燃，赞礼声声："拜天地，拜祖宗，夫妻交拜。"可怜那新娘子蒙头盖脸，交拜以后，则由新郎一手举烛一手牵纱（盖头外层的纱帕）在前面领着进入洞房。再以后，两人并坐牙床，将别人递上的"交杯酒"吃了才第一次"对面"——也就是两个被天经地义结合到一起的陌生人，到礼成后的这一刻，才破天荒似的真正"见面"了！且慢，那盖头先由伴娘揭下好几层，待剩下最后一张黑纱帕，才轮到满怀热望又心生悬念的新郎官去揭——"糟糕！"又是一句无声的喊叫撞击在郭沫若的心头，恍然间，他又觉得什么都没看清，只见到一对"露天的猩猩鼻孔"。

惊诧和懊恼几乎要写在新郎的脸上，但他强忍着拜了父母宾客，磕了许多头。做完一切繁文缛节，昏昏蒙蒙地挨到了晚间，他推说头痛，倒在平时住的厢房床上闷闷睡去，将洞房里的新娘也撇到了一边。那照例最富有喜剧色彩的"闹房"，大概也因为男主角的"缺席"而索然无味了吧。

以为儿子身体不适，懂得医道的郭朝沛来给他看舌苔，把脉问诊，生怕他得了什么急症。聪明的母亲已经看出他的"心病"了，虽然她自己的心里也因为幺姨的"失察"而很不是滋味；三番两次地走进厢房，她坐在床边对郭沫若说："八儿，你这样使不得。娘是费了一番苦心的，我信了幺姨的话，谁晓得她会看错人呢！"

见儿子不吭声，做母亲的又耐心规劝道："脚是早迟可以放的，从明天起就叫她放脚。品貌虽不如意一点，你一个男子不能在这些上就灰心。你看你大嫂怎样？你前五嫂、新五嫂又怎样？还不是平常的面貌吗，你大哥、五哥也没说过一句闲话；诸葛武侯娶了个丑妻还成就了大事业呢！只要性情好，资质高，娘一面教她些礼节，你不也可以一面教她些诗书吗？"

闷卧在床上的郭沫若始终沉默着，心里烦乱得难以平静。母亲又数落他的不孝，说父亲为他经营治婚的费用和一切准备是怎样操心，单这几天的奔走应酬又是如何忙碌，现在见你这样，叫做父母的怎能放得下心。母亲的话虽非药石，却对儿子因失意、疲惫而麻木了的神经无异于"顶门一针"，使他受刺而自责：自己已陷入命运的网罗，何苦要把这满腹的不如意再移到劬劳了一世的双亲身上？不能怪别人，不能怪父母；这悲剧也只能由自己来演。没等母亲说完，他就答应明天还要去女方家"回门"，会让娘放心的。

十七年以后的一九二九年，远在日本蛰居的文坛巨擘郭沫若以《黑猫》为题，写下一份自叙状，向世人披露了他的这段"结婚受难史"。当时的他已是另外一个跨国婚姻家庭里的三个孩子的父亲了；而发生在清末民初的这场婚姻悲剧中的女主人公——她叫张琼华，仍然是万里之外峨眉乡间沙湾郭家的八儿媳。这位独守空房的旧式女子，以"郭沫若元配夫人"的名分，在孤寂和凄清中度过了漫长的一生。她的卧室始终维持着新婚那天的布置，她妥善保存了郭沫若早年的家信和一批珍贵史料；她数十载如一日侍奉郭家父母的至诚至孝，赢得了亲友和后辈的敬重，在郭沫若故里传为佳话。当然，这些都是很久以后的事了。

从出川到留洋

　　郭沫若在沙湾办完婚事的第五天上，就离开家门去成都继续学业。年迈的母亲和新婚的妻子送他上船，望着寒风中伫立河岸的亲人身影，耳边久久回荡着母亲临别时的叮咛，站在船头的他似乎也预感到此去归期难料，因为经过近年来的种种变故，他的心神更加向往外面的天空了。但家乡深情的视线依然牵扯着渐行渐远的游子，透过泪水涔涔的凝望和思念，他作了《舟中偶成》三首律诗。其中一首是这样的：

> 阿母心悲切，送儿直上舟。
>
> 泪枯惟刮眼，滩转未回头。
>
> 流水深深恨，云山叠叠愁。
>
> 难忘江畔语：休作异邦游。

　　实际上"异邦游"已成为当时郭沫若的最大心愿。中学就要毕业，他已在私心里将理想的目标放在游学欧美上，其次是日本，再次是京、津、沪，总之要离开四川，远走高飞。

　　当他回到成都，"反正"后的省城学界起了变化，分设中学已被裁撤，原班级并入成都府中学，郭沫若于当年以"最优等成绩"在该校毕业后考入成都高等学校，却未安下心来。转眼过了年，天津陆军军医学校又来四川招生，他也去报考了，很快就接到录取通知，要新生八月初十在重庆会齐。匆匆回老家向亲人告别后，郭沫若于七月下旬从乐山登舟东去，在出公差的五哥的陪同下，奔赴重庆。

正是夏日洪水期，下水船走得快，第三天清晨就到了宜宾。这里是金沙江和岷江的汇流处，江面一下子宽阔了两倍。第一次出远门的郭沫若，看到青色的岷江水吞没了金沙江翻滚的红浪，印象深刻又奇特："青水虽然得着全面的胜利"，但它"就像怀着绞肠的痛苦的人，勉强在外面呈示着一个若无其事的面孔"，内里的冲突和搏斗却是激烈的，"船愈朝前走，突然在横断着江面的一直线上，品排着涌出三两朵血样的红花……花愈开愈多，愈大，愈迅速，愈高声地唱着花啦——花啦——花啦的凯歌。江水逐渐地淡化了，橙黄了，红黄了，俄顷之间化为了全面的血水"。

更令他产生"大惊愕"的是，在这双色蛟龙你死我活般的江中大战里，他们所寄身的木船"像怕上阵的驽马一样，在水面上啰唪起来"。它经不起江风的调侃和戏弄，竟又像风车似的在漩涡间打转，打了一个又一个，直打得全船的水手都惊惶失色，掌舵的艄公连动都不敢动。坐在右舷边的一脸书生气的年轻旅行者，只觉得自己闯了一次鬼门关，"真真是窜入了红尘，真真是踱进了另外的一个世界"。

到了重庆才知道，因二次革命爆发，学校方面要求各省学生缓送，护送员还说重庆的局势危险，要大家赶快离开。郭沫若只好返回成都，在原先的高等学堂宿舍里住了一段时间。九月中旬天津来电，他再次出发，总算和同路的人会合在重庆。金风送爽中，他们兴奋地登上当时川江上唯一的一艘轮船"蜀通号"，开始了那期待已久的航程。

郭沫若第一次坐轮船，坐的是统舱，有限的铺位给一群士兵占了，学生们成了名副其实的"游神"（四川话原指流氓），整日在轮船上游荡，或倚偎舱外的船舷，或登上敞亮的甲板，自由自在地观光。当"蜀通号"拉响汽笛，拨开湍急的江流，从"两岸猿声啼不住"的三峡走廊中穿过的时候，这位未来中国新诗的奠基人、狂飙突进的五四时代精神的歌者，正全身心地感受着长江母亲河的这一段华彩乐章，欣赏那自古被称为"夔门"的山水奇观和鬼斧神工。许多年以后，他回忆起当时的景象，仍充满了赞叹之情：

那真是自然界的一幅伟大的杰作。它的风韵奇而秀，它的气魄雄而长，它的态度娇娇不群而落落大方。印象已经很模糊了，只记得进了瞿塘峡时是清早，下着微微的雨。有名的滟滪堆是一个单独的岩石，在峡口处离北岸不远，并没有怎样的可惊奇，可惊奇的还是那峡的本身。两岸都是陡峭的岩壁，完全和人工削成的一样。峡道在峭壁中蜿蜒着。轮船一入峡后，你只见到四面都是岩壁，江水好像一个无底的礁湖，你后面看不见来程，前面看不见去路。你仰头上望时，可以看到那两岸的山顶都有白云潆缭，而你头上的帽子可以从后头梭落。天只有一小片，但等船一转弯，又是另外的一洞天地。山气是森严缥缈的，烟雨在迷蒙着，轮船所吐出的白色的烟雾随着蜿蜒的峡道，在半山摇曳，宛如一条游龙。①

峻雄奇秀的三峡留给这位大渡河和峨眉之子的，是同样刻骨铭心的诗情与画意。他就是在这样的神韵缥缈中，不知不觉地跨出了夔门，把夔门那边越来越远的故乡留给了日后悠长的梦境。

然而，川外的一切并不如他想象的那样美好。从船抵宜昌起，江面上越来越多的悬挂着米字旗或太阳旗的外国商船、军舰，深深刺痛了青年郭沫若的爱国心。第一次坐火车，穿过他自小在书本上熟悉了的中原，铁道两旁枯黄的衰草、沉寂的沙丘和坟墓群落一样的北地房屋不断地扑入眼帘：

"这就是孕育了我们古老民族和伟大的中华文明的摇篮吗？怎么竟这样萧条、凄凉，行将沙漠化了呢？"好像从向往和夸耀中坠入失望和揪心中似的，车窗前的匆匆过客竟落下了热泪。

在天津等待他的也是不如意。郭沫若本来就没有多大的决心学医，报考只是看上它的"官费"和借此出川；加上这座堂皇的军医学校里并无多少医学界的名望之士，连一个外国教员都没有，因此在这新生的眼中也就更缺少吸引力了。何况入学前的一场复试又成了他的"滑铁卢战役"。没有等到考试发榜，自觉失利、羞于见榜的郭沫若就离开天津，去北京投奔大哥了。

从来是考场上胜者的他怎么会考"砸"的呢？说来有趣，

① 引自郭沫若自传《初出夔门》（一九三五年作），稍有删节。

科学方面的试题并没有难住他，倒是他一向能对付的国文竟被一道“怪题”挑翻了车。

那怪题是五个字：“拓都与幺匿”！

这样莫名其妙的几个字，搜肠刮肚也沾不到它的一丝边沿，又从哪里下手去组织文章呢？糊里糊涂地不知写了些什么交了卷。出了考场人人叫苦不迭，只有一个四川考生明白那题意，说它是英语total和unit（全体和单个）的中文音译，他在严复译斯宾塞的《群学肄言》中见过。“我的妈！可害苦我这个‘幺匿’了！”心高气傲的郭沫若认定自己将名落孙山。

辛亥革命后做过四川军政府交通部长的大哥，此时已是派驻北京的官方代表，郭沫若从天津赶到北京，大哥恰好出国游历去了。他被安排在大哥的住处，一位同乡京官的寓所里。没有几天，天津来信告诉他已被军医学校录取，限三日之内回校，如逾期不回就要挂斥退牌，还要扣留中学毕业文凭、追还旅费云云。郭沫若仗着有大哥做靠山，竟断了回校的念头，在给同学的回信中还戏谑地说：“天津之拓都难容区区之幺匿。”

盼了一个多月大哥才回来。风尘仆仆的郭开文看到弟弟在京自然惊喜，但听说他把好端端的军医学校学籍给放弃了，又非常惋惜和着急。比郭沫若年长一轮多的大哥，在四川时就希望八弟中学毕业后进法政学堂，将来可做他的助手，郭沫若却回答说他厌恶学法政，也厌恶学法政的人。宽宏大度的大哥并不介意小弟的“狂言”，但对他这回的唐突之举还是深觉不安。因为时局多变，驻京官差并不好当，他所代表的川边经略使尹昌衡在政坛争斗中已失宠临危，自身且难保，又如何为这好高骛远的八弟"撑腰"呢？

　　大哥责备的言语并不严厉，看到八弟大冬天里仍然穿着薄棉袍，第二天就带他上街买了件狐皮袍子，郭沫若在身心俱暖中深深地感到了内疚：自己太孟浪了！不该丢掉到手的"饭碗"，不该给连兄弟俩在京生活费都已困难的大哥添麻烦。寒流侵袭，好像所有的野心和梦想都在北京高耸入云的冰冷城头上碰了壁，被撞得粉碎，化成了飘向吹箒胡同这座四合院内外的鹅毛大雪……"北征"失利的年轻人陷入了前所未有的幻灭。

　　正当郭开文为弟弟的出路奔走无着，郭沫若自己也准备打道回川改行经商，接替父亲管家时，又一颗幸运之星竟在京城阴霾的天空下向他们熠熠闪烁了。那是十二月二十七日的晚上，大哥的友人张次瑜去日本考察前夕特来辞行，见到哥儿俩为沫若的去留发愁，忽然想到：

　　"何不去日本留学呢？需要的话，我可以帮忙送他去。"

　　"我也想到这层，但你知道我眼下的经济情况……"大哥为难地说。

　　"只要半年内能考上官费生，那就没问题。"热心的张次瑜还现身说法，提到他当年带弟弟一起负笈东瀛两人合用一份官费，并劝慰郭开文：

　　"年轻人的脑力比我们强，令弟风华正茂，我看前程远大得很哩。"

　　这番话像是触动了大哥的心，他转向正专心倾听的八弟："怎么样？如果半年内能考上官费，我这点积蓄还是有的。"

　　郭沫若心里在犹豫着，五哥当年从武备学堂毕业后被派往日本考察，到日本后因不喜军事要改学科学，结果住了两年也没有考上官费就回来了，现在只给自己"半年时间"，能有把握吗？望着兄弟迟疑不决的样子，大哥的语气反而坚定起来："半年内能考上固然好，如果考不上，或许到那时我已有了职务。我看还是去吧。"

没等郭沫若回答，郭开文就同张次瑜商量，托他将手中的金条带到金价较高的日本去兑换，郭沫若出国所需现钱请他先垫。次瑜一口答应，叫兄弟俩快作准备，因为他动身的日期就在明天。

真像是"由十八层地狱升上了土星天"，郭沫若的心海上又鼓满了希望之帆。连同住吹帚胡同的那位同乡京官的弟弟听说了这番擘画，都十分羡慕他有这样一位好兄长；大哥的手足深情、呵护关爱，在他人生转折的关键时刻犹如及时雨、行船风，已经不是第一次了。

兄弟俩分手的时候，都没有说什么话。曾经豪气万丈出夔门的青年郭沫若，坐在由北京站开出的往山海关方向的列车窗前，心情同样不能平静。他尽力从车窗里探出身子，回望那消失在昏暗月台上的大哥身影，泪水溢满了眼眶。他在心里对自己说：

"此去若在半年内考不上官费，你就跳进东海里去淹死吧，哪有脸面再见亲爱的大哥！"

登车人再也没有想到，这车窗前的最后一面，竟是他同胞兄今生的诀别。

郭沫若在大哥友人张次瑜的陪同下，取道朝鲜，从釜山渡海，于一九一四年元旦后抵达日本东京。扶桑之国的秀丽景色和风物殊异，自然给初来乍到的他以陌生、新奇的刺激，但一想到要在半年内考上官费学校，游山逛水的闲暇和兴致都全无了。从下榻东京郊区小石川大冢的一间斗室起，努力苦读的郭沫若进入了他一生中最勤勉的发愤时期。早年在家乡求学因失望而产生的嬉游、散漫和包括喝酒、抽烟在内的恶习，全都被他抛下东洋大海了。

因为当时中国和日本订了官费契约的学校只有五所，非常难考，有人考了八九年都未被录取。要在半年内实现自己的打算，首先要过语言关，郭沫若就读于神田的日语学校，只用了两个月时间，就能应用一般口语，日文写作也能表情达意了。为了节省开支，也为了锻炼自己，他每天清晨去神田上课，近五公里路程都是步行走去，傍晚放学怕误了餐时才乘电车赶回。一日三餐十分简单，"朝食面包两大块，白糖一碟，牛乳一瓶，午晚两餐均系菜一盘，饭一小甑，咸菜一碟而已"，他在家信中向父母汇报日常起居和开支用度后，还谈了甘于勤苦和励志成才的体会：

> 勤苦二字，相因而生，富思淫佚，饱思暖逸，势所必然，故不苦不勤，不能成业。男前在国中，毫未尝尝辛苦，致怠惰成性，几有不可救之慨；男自今以后，当痛自刷新，力求实际学业成就，虽苦犹甘……所矢志盟心日夕自励者也。[①]

---

① 引自郭沫若一九一四年二月家书（原载《樱花书简》）。

　　春夏之交，五校中的东京高等工业学校首先招生，郭沫若鼓起勇气去报考，结果未能录取。他没有气馁，一个月后，同时应考东京第一高等学校预科和千叶医校。考"一高"预备班的中国学生多达千人，录取仅四十名，分文、理工和医学三科，郭沫若报考的是医科。他此时的选择出发点同当年在成都报考天津陆军医校已有所不同：生活的艰难和眼界的拓宽，使他认识到"医学一道今日颇为重要。在外国人之研究此科者，非聪明人不能成功，且本技艺之事，学成可不靠人，自有可用也"；从大的方面来说，他"认真是想学一点医。来作为对于国家社会的切实贡献"。

　　功夫不负有心人，郭沫若的"半年计划"实现了！在"一高"医科预备班的正取十一名中，他名列第七。八月份他拿到第一个月的官费三十三元，当天他就写信向远方的家人报喜。欣喜之余，他约了同学去房州海滨游玩。从小被父母管束不准涉水的他，第一次扑进蔚蓝的大海，好像要同来自故国的亲人热烈拥抱似的，他迎着滔滔海浪无所顾忌地学着游泳。有一回同学不在身边，他差点被淹死，幸亏被一个日本人救起。

　　房州海湾的形状很像地图上的渤海湾，因此也同样牵动着他的思国之情。有一天日落他在海滨散步，忽然看到海平线上黑影憧憧，先以为那是海中的岛屿，渐渐地看清黑影竟悄无声息地移动起来——熟悉日俄战争、甲午海战历史也关心着时事风云的郭沫若，立刻意识到这波平如镜的海湾里，正游弋着随时都可能出击的战争铁爪；血色黄昏中的海礁和峭崖所拍打的，也绝非是一支让鸽子安眠的小夜曲……

情寄祖国的游子，写下了这样一首即景即兴的诗篇：

飞来何处峰？海上布艨艟。
地形同渤海，心事系辽东！

　　郭沫若的担心不是没有根据的。第一次世界大战已于一九
一四年六月在欧洲爆发，八月底，日本对德宣战，并以此为由
出兵强占德国在我国山东的租借地。事情发展到次年初，日本
竟又以臭名昭著的"二十一条"向中国政府施压，其军国主义
野心暴露无遗，首先激起了中国留学生的强烈抗议，随之国内
也掀起了声势浩大的抗议运动。中日关系日益恶化，五月七日
日本政府竟向中国发出最后通牒。为这深切的国难和救国热忱
所驱使，一批留日同学毅然回国，郭沫若也在其中。他在当时
写的一首七律中抒发了"冲冠有怒与天齐"的极大愤慨，表达
了"男儿投笔寻常事，归作沙场一片泥"的从军决心。然而，
在他于五月七日当天到达上海后，很快就传来袁世凯已屈从了
日本无理要求的消息，报国无门的热血青年在上海街头踯躅了
三天，旋即又回到东京。大哥来信批评他的回国之举，郭沫若
也为自己虚掷光阴感到不安，发愤读书的心情又迫切起来。

　　预科学习将近一年，郭沫若在毕业考试中名列第三，被分
派到冈山第六高等学校医科就读。冈山在濑户内海西北岸，是
一个宁静、纯朴如乡村的小地方，郭沫若住在一位六旬老妇人
的家里，生活起居非常有规律。校园的四周是田畴、溪流、山
林，有一山，名曰操山，形状颇似峨眉山麓，常常使他恍然如
见故乡。一想到年龄渐大，所学尚少（日本高等学校相当于我

国高中），冈山三年学业期满还要进大学读4年，郭沫若心里就不免有些着急，因而更加努力。有一个时期甚至用功过度，患了严重的神经衰弱症，身心交瘁，痛苦不堪，但他自觉地从祖国丰富的文化遗产中去汲取力量，用夏禹治水、苏武牧羊等历史人物的坚毅精神来激励自己。他过去一直爱读庄子，从这位战国先贤"道法自然"的旷达淡泊中，开阔自己的胸襟气度和思想境界；而此时，在东京购得的一部《王文成公全书》又成了他朝夕不离的读物——该书著者明代哲学家王阳明所提倡的反求内心以达到"万物一体"境界的"致良知"学说，以及包括"静坐"在内的一套修身养性之法，给与病魔搏斗、追求灵魂慰藉与解脱的郭沫若带来了不平常的"疗效"。

另外一个方面的补充，是来自对于外国文学的学习。"六高"医科三年，十分注重外语教学，课时占总量一半之多。外语课中第一为德语，第二为英语，拉丁文第三；所用教材多引相关语种的文学大师的名著。这样郭沫若就有机会比较多也比较深入地接触外国文学的经典部分，从而打开了一扇扇窥探世界文学堂奥的门窗，同各民族文化思想宝库中最杰出的代表人物作心灵的会晤：泰戈尔、歌德、海涅、席勒、雪莱、莎士比亚……相继走进郭沫若如饥似渴的阅读视野；由喜爱泰戈尔而接触印度古典哲学，由崇敬歌德而研读荷兰思想家斯宾诺莎的哲学著作。这一切重新勾起了郭沫若对文学的浓厚兴趣，东西方哲学思潮的交汇、冲荡，也对郭沫若世界观的形成产生了重要影响。

同在冈山读书的中国学生中，学理工科的湖南青年成仿吾与郭沫若来往最多，共同的文学爱好使他们走到一起。他们常在校园内、操山的松林间散步谈心，切磋交流；春假里同游宫岛、栗林园，也留下不少题赠感咏。同学间的情谊、田园诗般的自然风光和专心致志的学习氛围，熏陶和抚慰着身在异国的孤寂游子。也正在这时，一个年纪轻轻、穿护士服的日本姑娘，悄悄走进了郭沫若平静而不无单调的留学生活。

安娜之恋

安娜本名佐藤富子，一八九五年出生在仙台一个牧师的家庭。她是八个子女中的老大，从教会学校毕业后，独自一人到东京圣路加医院当护士。命运之神在这里安排了她同一个中国留学生的会见，那是一九一六年的八月初。

一位友人因患肺病死在圣路加医院里，郭沫若利用放暑假的空闲去医院取友人留在那里的X光片，接待他的就是安娜。第一次见面，安娜就给郭沫若留下了不可磨灭的印象：大概是她那套白衣天使装束映衬的缘故，高挑的身材、娴静的神态和端庄的眉宇间，似有一种照人的"洁光"——爱幻想也渴慕着年轻女性的郭沫若，仿佛见到圣母玛丽亚，丘比特的神箭也许正是这一刻射中了东方古国年轻后生的心坎。

安娜对这位忠实于友情、文质彬彬的中国留学生也产生了好感，因此当郭沫若从冈山寄来第一封充满爱意的书信时，她腼腆地用英文给他回了信。随着鸿雁传书的频繁，他们之间的了解和依恋也在加深。年底，郭沫若前往东京接安娜来冈山同住。郭沫若鼓励安娜进女子医专深造，并帮助她准备功课。第二年春天，安娜去东京读书，只读了三个月就因为怀孕而辍学，到了冬天，他们的第一个孩子和生来到了人间。

在军国主义抬头、民族偏见上升的日本，冲破家庭的阻挠，同一个"支那人"结合，并不是件容易的事，但安娜从一开始就表现出了她可贵的独立性格和自主意识。对郭沫若来说，这种意味着反叛封建婚姻的结合，也遭到了家中父母的坚决反对，闹到要断绝关系的地步，直到后来由于孙儿的出世，才多少"平息"了他们的怒火。郭沫若当然也想过同张琼华解除婚约，彻底摆脱旧时代强加给两人的羁绊，但考虑到山海迢遥，不能让双亲过于伤心，也不能将头脑守旧的张氏逼上死路，于是就打消了这样的念头。

同安娜的爱情和新的生活，在郭沫若的精神世界里投下了欢乐的阳光，也卷起了激情的波涛，从而唤醒了他埋藏在心底里的创作欲望。他试着运用泰戈尔在《新月集》、美国诗人朗费洛在《箭与歌》中所表现出来的那种不受约束的清新和自由的诗歌形式，来倾吐心中的情愫。于是，一种与旧体诗旧格律不同的、前所未有的口语化"新诗"在郭沫若笔下出现了：

> 月儿呀，你好像把镀金的镰刀。
> 你把这海上的松树斫倒了，
> 哦，我也被你斫倒了！
> 白云呀！你是不是解渴的凌冰！
> 我怎得把你吞下喉去，
> 解解我火一样的焦心？

这首《新月与白云》写于一九一六年秋冬与安娜初恋之时。同一个时期，郭沫若还写了《Venus》《死的诱惑》和

《别离》。[①]在这些新颖、真率的抒情诗里，诗人大胆地表露了为封建礼教长期禁锢和扭曲的人性对美与爱的欲求，如《Venus》中对爱神维纳斯也是对作者所爱的表白；在《死的诱惑》中，将一颗因沉浸在爱河里又为不幸阴影所笼罩的年轻的心所受到的冷热煎熬表现得非常充分："我有一把小刀／倚在窗边向我笑。／她向我笑道：／沫若，你别用心焦！／你快来亲我的嘴儿／我好替你除却许多烦恼……"这样的新诗，无疑是对因袭了千百年的旧传统的挑战；它的活力、朝气和骚动不安，也都打上了作者个人这段感情生活的鲜明印记。

郭沫若的三口之家，仅靠他的一份官费过着清寒的生活。在冈山的最后一年，他除了勤勉于学业，对俄国文学、北欧文学又有了较多的接触。一九一八年夏天，他从"六高"毕业，以优异成绩升入九州帝国大学医科。大学在九州岛北部的中心城市福冈，医科校舍设在市郊博多湾附近。郭沫若夫妇带着不满周岁的和儿，在一家当铺的小楼上栖身。到旧历除夕那天，因为付不起房租，他们又手提背负着行李，把家搬到濒海的一间渔村小屋里居住。

怀着救国医人的热切希望，郭沫若在名师云集的"帝大"医科开始了新的学习生活，但很快他就感到了自己的不适应，十七岁那年患重症留下的耳疾越来越严重地妨碍他听课了。原来在"六高"时每班至多四五十人，听课还不觉十分吃力，现在在"帝大"的大教室里常坐一百多人，教学全靠口授笔记，

---

① 这里提到的作诗时间，采用作者在《我的作诗的经过》一文中的说法，同最早收入它们的诗集《女神》所标年份有异。

他听不清也记不全；尤其是临床实习时，打诊和听诊更觉困难；现已如此，将来又怎么能够正常行医呢？一个大大的问号，弓身阻拦在郭沫若每天通向"帝大"的路上，令他困窘，令他踌躇。与之相反，司文艺女神缪斯的竖琴声却乘着十里松原上的习习晨风，从博多湾外的"青青海水"中，以空前的"诱惑"向他飞来了：

> 沫若，你别用心焦！
> 你快来入我的怀儿，
> 我好替你除却许多烦恼。[①]

郭沫若开始了他人生事业中一次最重要的"转向"——这是一九一九年的春天，阔别四载的神州大地上，也正发生着惊天动地的巨变：天安门前人潮涌动，赵家楼里怒火燃烧，高擎民主与科学大旗的五四爱国青年，以空前高涨的反帝反封建的革命热情，揭开了中国现代历史的新纪元。

---

① 这里借用郭沫若的诗《死的诱惑》中的最后三行。

新诗创作爆发期

　　第一次世界大战于一九一八年结束，次年初召开的"巴黎和会"上，列强无视中国主权和战胜国地位，竟无理决定让日本继承战前德国在山东的特权。北京政府软弱外交的失利，激起了北大学生的抗议风潮，从五月四日的集会示威迅速发展成为全国性的斗争运动，海外学子也纷纷响应。一向关心国事的郭沫若，在帝大医科的中国留学生中发起组织了一个爱国团体"夏社"。他们以"民气未死，中华不亡"、"吾等不顾顽冥不才，欲效微力，以期同胞之振作，防衰败之万一"为宗旨，专事搜集日本报刊上的侵华言论，翻译、刻印成中文材料，向国内的学校、报馆广泛投寄，以儆示国人，唤醒民心。郭沫若是这项工作中出力最多的人。除此之外，他还撰写时事评论（如《抵制日货之研究》），以犀利的笔锋、鲜明的爱憎，积极宣传反帝救国的不妥协立场和"自主自立精神"。

　　为了及时了解国内的情况，他们订阅了上海的《时事新报》。该报的副刊《学灯》是五四时期的四大副刊之一，介绍新思想，推广新文艺，犹如时代激流中为新文化之舟伴行的一盏引人注目的航标灯。郭沫若正是从这副刊上第一次读到国内发表的"新诗"，那是康白情的《送慕韩往欧洲》。白话的写法引起他的共鸣，诗质的稀薄却使他很不满足，从而增添了他的勇气，将自己写的白话诗抄了两首，寄给《学灯》，没多久就登了出来。第一次看到自己的新诗变成铅字印在报纸上，郭沫若有说不出的高兴。那两首诗是《抱和儿在博多湾海浴》和《鹭鸶》，诗题下的署名为"沫若"。这个日后蜚声中外的新诗人的笔名，来自天府之国峨眉第二峰下的"沫若"之水，此时此刻（一九一九年九月十一日）汇涌上文坛，从今而后真可谓"川"流不息，一"发"而不可收了。

因为经过了多年的蕴蓄、磨炼和酝酿，"个人的积郁，民族的积郁"在新诗人郭沫若的心头已经到了非喷发不可的时候。如果说彻底反帝反封建、推动新民主主义革命的五四时代精神，就是点燃他胸中激情岩浆的火种的话，他同样是在一九一九年这个不寻常的"新诗创作的爆发期"里，找到了一种适合他自己、特别能借鉴来呈现他创作风格的"喷火方式"。说来"巧合"，这年恰逢美国诗人惠特曼诞辰一百周年，从年初起中外报刊上的纪念文章就加深了郭沫若对这位民主主义战士和浪漫主义大诗人的景仰；对惠特曼诗集《草叶集》的研读和喜爱，更使精神气质和思想倾向都相当接近的郭沫若，惊喜地从这位"新大陆"歌手的不朽诗篇中"照见"了自己的灵魂与个性。正如他后来在《我的作诗的经过》一文中表述的：

> 惠特曼的那种把一切的旧套摆脱干净了的诗风和"五四"时代的狂飙突进的精神十分合拍，我是彻底地为他那雄浑的豪放的宏朗的调子所动荡了。

在十九世纪中叶的美洲原野上，为解放黑奴的林肯总统歌唱、为推动了世界革命的工业文明歌唱、为亚当子孙"带电的肉体"和"神圣的灵光"歌唱的诗人惠特曼，不会想到在他的百年之后，太平洋的潮水和新世纪的晨风，将他的歌声如"触媒"般地投入到一位东方诗人的心中，激起后者如火如荼的青春热情和创作灵感，唱出了一个近百年来受尽了欺凌和屈辱的伟大民族一旦觉醒时的冲天长啸：

> 无数的白云正在空中怒涌，
>
> 啊啊！好幅壮丽的北冰洋的情景哟！
>
> 无限的太平洋提起他全身的力量来要把地球推倒。
>
> 啊啊！我眼前来了的滚滚的洪涛哟！
>
> 啊啊！不断的毁坏，不断的创造，不断的努力哟！
>
> 啊啊！力哟！力哟！
>
> 力的绘画，力的舞蹈，力的音乐，力的诗歌，力的律吕哟！

这是郭沫若写于一九一九年九至十月间的《立在地球边上放号》。从日本海边博多湾上传出的这位中国新诗人的放歌，是"五四"之声、时代之声。这样大气磅礴、雄奇新锐的作品，在《时事新报》的《学灯》上刊出后，自然赢得了天南地北无数渴望变革、渴望进步的青年读者的心，也以它那不同凡响的力度震撼了当时的文坛。

当时编《时事新报》副刊的，是诗人兼美学家宗白华。他慧眼识珠，高度评价郭沫若的新诗，不断给他以鼓舞和激励。

他是在郭沫若新诗处女作发表后不久，接替前任郭虞裳执掌
《学灯》的，从一九一九年十二月至一九二〇年五月这半年
里，凡有郭诗，每来必登，在一段时间里几乎天天都有郭诗发
表。他们还频繁通信来往，密切探讨文艺问题。靠着这位知音
的赏识和"掌灯人"的推动，郭沫若的"诗工厂"才产销对
路、诗如泉涌。有一天上午，他在福冈图书馆看书，突然感觉
有"诗兴"袭来，这是一首关于地球和她的孩子们的诗。如同
腹中胎动，他坐不住便出了馆，在馆后僻静的石子路上脱了木
屐，赤脚行走，边走边吟哦：

> 地球，我的母亲！
> 天已黎明了，
> 你把你怀中的儿来摇醒，
> 我现在正在你背上匍行。

已经是十二月的天气了，石子路上冰冷刺骨，但诗人赤着
脚竟不觉丝毫寒意，因为他那颗诗心正热切地体验着"地球
母亲"的体温和爱抚。他不但羡慕她的"孝子，田地里的农
人"，更羡慕她的"宠子，炭坑里的工人"，甚至"羡慕那一
切的动物，尤其是蚯蚓"，因此：

> 我不愿坐车，乘马，著袜，穿鞋，
> 我只愿赤裸着我的双脚，永远和你相亲。

在踱来踱去中运思、推敲的诗人，索性躺下身子睡在地

上，更真切地投入那种感念自己不过是接受地球养育的"知识未开的婴孩"的诗意情怀，从而顿悟"我的灵魂便是你的灵魂，／我要强健我的灵魂，／用来报答你的深恩"；他如此表达做一个自然之子的决心：

> 地球，我的母亲！
> 从今后我要报答你的深恩，
> 我知道你爱我还要劳我，
> 我要学着你劳动，永远不停！

这首郭沫若的早期名作《地球，我的母亲》就是这样亲昵、痴迷地贴紧在母亲般的土地上完成的。诗人跑回寓所写下诗稿，兴奋得好像获得了新生。更有趣的是，当他写完诗去看望附近的一位友人，朋友正要回家过年，有一只大皮箱拿不动想雇工，刚刚获得"新生"的诗人竟怀着"四海同胞"之爱和"劳动不停"的愿望，毫不犹豫地将大皮箱扛在自己的肩头上，走了两里路送友人一直到火车站，再乐滋滋地独自走回来。

还有一个在课堂上写长篇抒情诗《凤凰涅槃》的故事。耳背的郭沫若坐在"帝大"教室里一边凝神听教授讲课，一边用笔作记录的时候，忽然那神话传说中天方国（阿拉伯古称）的"菲尼克司"（英语"凤凰"）竟从天外破"窗"而入：这是一对隐形的别人看不见的长生鸟，它们在诗人敞开的心窗里撩动起那美丽的彩翼；已满五百岁的神鸟竟哀哀地唱起来，当然也只有这位半聋的诗人听得见——那是从他思念的故国所遭

受的无数劫难里飞出的"不死鸟"啊，它们将扑进"集香木自
焚"的熊熊烈火，从化腐朽为神奇的献身中，获得崭新的生
命！郭沫若全身心都因想象力的刺激而产生了"听觉"：那
"即即！即即"的凤之歌，那"足足！足足"的凰之歌，那火
光香气中的凤凰同歌，那在火堆旁幸灾乐祸的群鸟歌……全被
这位手中握着诗笔的"贝多芬"倾听到了！那本医科学生用的
课堂笔记上，写下的已不再是德文或拉丁文的医学符号，而是
伴随着激动得类似"神经性发作"的牙齿打战、笔尖颤抖，出
现了一行行遒劲、洒脱的方块汉字，如同一排排有生命的黑白
琴键在弹跳，一个个铿锵作响的旋律和音符，饱含着他胸中炽
热的诗情，谱出了一曲为二十世纪中国新诗开篇和奠基的辉煌
乐章！

　　这首对郭沫若来说，也犹如《命运》和《英雄》之于贝多
芬一样重要的新诗作品，只在课堂上写了一半，另一半是晚间
伏在家中的床枕上写成的。当博多湾汹涌不息的夜潮声传来，
诗人那电光火石般的灵感又被触动了：他听到了鸡鸣过后，同
霞光一道升腾在海空里的"凤凰更生歌"：

　　　　我们更生了。

　　　　我们更生了。

　　　　一切的一，更生了。

　　　　一的一切，更生了。

　　　　我们便是他，他们便是我。

　　　　我中也有你，你中也有我。

　　　　我便是你。

你便是我。

火便是凰，

凰便是火。

翱翔！翱翔！

欢唱！欢唱！

我们新鲜，我们净朗，

我们华美，我们芬芳，

一切的一，芬芳。

一的一切，芬芳。

芬芳便是你，芬芳便是我。

芬芳便是他，芬芳便是火。

火便是你。

火便是我。

火便是他。

火便是火。

翱翔！翱翔！

欢唱！欢唱！

……

　　毫无疑问，这从火浴中复活的东方金凤凰，正是诗人心中呼之欲出的对于有五千年文明史的中华民族从苦难和斗争中走向新生的象征和预言，是不再任人宰割和羞辱的祖国在阳光普照的地平线上重新崛起、振兴繁荣的吉兆与祝福。那"华美、芬芳、新鲜、净朗"，是年轻的诗人对祖国未来和明日世界的热切礼赞；"我"在"我们"中间，"一"在"一切"里面，

"火"便是我，"火"便是歌。这首雄浑、庄严、热烈、和谐的凤凰之歌，诞生在风雷激荡的"五四"大熔炉里，堪称是一部献给英雄时代，阐释民族命运，迎接新中国、新世界早日到来的新诗交响乐。

如火山喷发般的创作热情，在诗人郭沫若的身上只持续了一段时间。随着宗白华离开《学灯》副刊，编辑易人，郭沫若的新诗产量有所递减，那海涛般汹涌的诗思也渐渐退潮了。

创造社与《女神》

　　郭沫若在新诗坛上的崭露头角，坚定了他从事文学创作的决心，也加深了他早已产生的"弃医学文"的念头。一九二一年年初，他准备去京都转学，进那里的文科大学。先是遭到安娜的激烈反对，因为他们已有了两个儿子，学医毕业后当医生收入稳定，全家人的生活有保障；后来与郭沫若要好又志趣相投的成仿吾也劝他，说研究文学没有进文科大学的必要，我们的文学和别人不同的地方，正是在于有了科学知识做基础。这样郭沫若才继续在福冈学医，但他的心却始终盘旋在文学的天地里，他几乎不去听课，大量时间用来研读文学、哲学类的书籍，从福楼拜、左拉、莫泊桑的小说，到易卜生、霍普特曼、高尔斯华绥的戏剧。在此之前，他曾着手翻译过《泰戈尔诗选集》《海涅诗选集》，均因无处出版而作罢；他还花了很大力气，译就歌德著名长篇诗剧《浮士德》的第一部并在《学灯》上刊载过片断，后来也是因为出版问题被搁置，放在小楼上的译稿竟遭老鼠咬毁，使郭沫若非常伤心。

　　就在这个时期，他同留学日本的年轻文友的交往也密切起来。早在"一高"预科上学时就认识的郁达夫、张资平，因宗白华介绍先通信订交而后一见如故的田汉，还有郑伯奇、穆木天、张凤举等人。在这些深受五四新文化思潮激荡的文学青年中间，一个组织新文学社团、创办新文学刊物的计划正悄悄酝酿着。它，时时牵动着郭沫若那颗向往文学与创造、思念着祖国和将来的心，人在博多湾的他，也愈来愈烦闷不安了。

三月底，成仿吾受友人推荐去上海泰东图书局工作，郭沫若决定与他同行。动身的那天，房主来收当月房租，并通知他们一周内搬家，说是要翻修房屋，实际上是房主已同另一个愿多出钱的房客订了租约。面临这一变故，郭沫若犹豫起来：怎能让妻儿在自己走后遭人驱逐呢？一向反对他转学的安娜却没有动摇，她深知丈夫的苦闷，与其让他忧郁致病，不如回国另谋生路。在她的支持下，郭沫若含泪挥别扶桑，东渡黄海，与成仿吾同船归国。当海轮驶进黄浦江口的时候，重见神州形影的游子吟出了这样的句子：

> 平和之乡哟！
> 我的父母之邦！
> 岸草那么青翠！
> 流水这般嫩黄！ ①

郭沫若曾将"五四"后的中国想象成一位"很葱俊的有进取气象的姑娘"，但回国后的现实，半封建半殖民统治下上海滩的腐败景象，却很快使他感到了"幻灭的悲哀"。他同成仿吾一起进了泰东图书局，参与筹办文艺杂志，也同成立不久的

---

① 引自《女神·黄浦江口》。

文学研究会的成员郑振铎、沈雁冰（茅盾）等人交往。一个多月后，他为刊物组稿事重返日本，先去福冈看望家人，再去东京拜访田汉等人。六月八日那一天，在郁达夫的住处，这群志同道合的青年作家、诗人聚会，决定正式成立文学社团"创造社"，出版同人刊物。不久，由郁达夫执笔的《创造季刊》出版预告登在《时事新报》上，首次打出了"创造社"的旗号，并且提出了"主张艺术独立，想与天下之无名作家，共兴起而造成中国未来之国民文学"的宗旨。

七月初，郭沫若又回到上海，一面为泰东图书局译书编稿，一面将自己的新诗整理结集。一个月后，郭沫若的第一本诗集《女神》由上海泰东图书局出版，作者在卷首《序诗》中说："我是个无产阶级者：／因为我除赤条条的我外，／什么私有财产也没有。／《女神》是我自己产生出来的，／或许可以说是我的私有，／但是，我愿意成个共产主义者，／所以我把她公开了。"然后，他说：

> 《女神》哟！
> 你去，去寻那与我的振动数相同的人；
> 你去，去寻找与我的燃烧点相等的人。
> 你去，去在我可爱的青年的兄弟姊妹胸中，
> 把他们的心弦拨动，
> 把他们的智光点燃吧！

尽管郭沫若并不是提倡写白话新诗的第一人，他的这部《女神》也出版在胡适《尝试集》问世的后一年，但是只有到

了这时候，当这位以"无产者"名义高举着"科学"火把、高
唱着"民主"之歌的"女神"从诗人郭沫若的笔下，登上了中
国新诗坛以后，二十世纪的华夏儿女才真正在诗歌作品中，耳
目一新地领受到了一种前所未有的新风采，一种伴随着五四运
动才产生出来的"动的反抗的精神"（朱自清语）。它像旭
日，像狂飙，横空出世在因袭了几千年积习和惯性的诗歌王国
里，一扫昔日陈腐气，以强烈的新时代脉搏的"振动数"拨动
了无数年轻的心弦，以炽热的新文化、新思想的"燃烧点"点
燃了无数青年的智光。郭沫若的《女神》真像是一座不朽的文
学丰碑，呈现出开山之作的宏大气象，标志着中国现代诗歌从
此开始了她发展、创造、斗争和胜利的新里程。

　　这年九月，郭沫若仍回到福冈继续他的医科学业，同时负
责编辑"创造社"的同人杂志《创造季刊》。第二年春天，该
刊创刊号在上海出版。这本文学期刊以众多的新锐作品、浓厚
的浪漫色彩和青春气息，锋芒毕露地体现着创造社同人那种鼓
吹个性解放、蔑视一切旧传统的创作主张，连同后来继刊的
《创造周报》《创造日》和《创造月刊》，受到了广大青年读
者的欢迎，也引发过文坛内部的不少论争，成为"五四"以后
新文学营垒中最有影响的文学刊物之一。

　　一九二三年的春天，结束了在九州帝国大学医科的四年半
学业，获得了医学士学位、已过而立之年的郭沫若，同他的日
本夫人安娜，携带三个年幼的儿子，满怀热切而又迷茫的心
情，离开了留下他最宝贵年华的樱花之国，踏上归程。

投身大革命

回国后的郭沫若在上海民厚里的一间弄堂房子里安了家。为了投身心爱的文学事业，他放弃了大哥和友人为他安排的行医、教书等收入比较稳定的工作。从一九二三年四月到一九二四年四月再度出国前的这一年中，他一面同郁达夫、成仿吾等人积极编纂创造社的同人刊物，不断扩大它的影响，一面辛勤笔耕，创作了大量诗文，完成了许多译作。他的第二本诗集《星空》、我国第一部《诗经》今译的《卷耳集》、他最早的历史剧《卓文君》《王昭君》、最早的历史小说《鹓雏》、译作集《鲁拜集》等等，都是在这个时期里问世的；同时，他还参加社会活动，撰写了不少文艺和时政方面的论文。这一切当然为新文学家郭沫若带来了日隆的声誉，但在军阀混战的动荡时局下，纸醉金迷的十里洋场上，哪里有一心追求真善美的创造者的出路？卖文为生的低收入、朝不保夕的"自由职业"，使他难以支撑的五口之家经常陷入贫困的窘境。

有时穷得付不起为孩子治病的医药费，有时连出门买电车票的钱也掏不出；看不见泥土、绿树和蓝天的狭小住所更窒息着幼儿的灵性。不会说中国话、天天为生活发愁的安娜，只好在旧历年过后，带着三个孩子先返回日本去了。两个月后，随着郁、成两位友人的先后离沪，郭沫若也带着孤寂和落寞的心情，回到福冈和家人团聚。

就在这样生活无着、进退两难的境遇里，郭沫若依然关注着时代的风云和革命斗争的动向。"五四"以后，由于苏联十月革命的影响和马克思主义在中国的传播，郭沫若对新生的俄国工农政权和无产阶级的革命学说已有了初步的认识。他曾在收入《女神》的《匪徒颂》中热情歌颂过敢于造旧世界反的"亘古的大盗，实行共产主义的列宁"；他也曾在回国后写的《上海的清晨》一诗里，揭露无产者遭受压迫和剥削的黑暗现实："马路上，面的不是水门汀，／面的是劳苦人的血汗与生命！／血惨惨的生命呀，血惨惨的生命／在富儿们的汽车轮下滚，滚，滚……"并且对未来的阶级斗争和革命运动，作出大胆的预言：

> 兄弟哟，我相信：
> 就在这静安寺路的马路中央。
> 终会有剧烈的火山爆喷！①

而此刻，为了探究和掌握与"资本主义毒龙"作战的思想武器，郭沫若选择翻译日本著名经济学家河上肇介绍马克思主义的论著《社会组织和社会革命》来作为自己回日本后的"生活计划"：他花了五十多个日夜，在极其艰苦的条件下译完了这部二十多万字的大书。当时他所住的福冈家里四壁空空，连

---

① 此诗作于一九二三年四月，发表于同年五月出版的《创造周报》第二号，后收入诗集《前茅》。

张矮桌都没有，只好用皮箱当写字台，买不起一块石砚，竟用砖块来替代。每天他坐在草席上，从清晨伏案到深夜，常常为书中的精彩论述所吸引、所折服，如关于资本主义制度弊端和社会主义革命必然性的分析；同时他也对书中因受考茨基等人的影响而产生的一些他认为"不是马克思的本旨"的观点加以检讨和辨别，以求自己认识上的提高。因此，这项翻译工作对过去只是从感性上憎恨旧社会、旧制度，希望它灭亡的郭沫若来说，无疑是一次思想理论上的武装，也是对马克思革命学说的第一次系统和深入的学习。他在当年给成仿吾的信中，曾深有感触地说过："这书的译出在我一生中形成了一个转换时期，把我从半睡眠状态里唤醒的是它，把我从歧路的彷徨里引出的是它，把我从死的暗影里救出的是它。"

译完河上肇的书，还是解决不了吃饭问题。为了糊口应急，他们在天气转暖后，将家中冬天的衣物都送进了当铺，连刚译完的那部《社会组织和社会革命》日文原著也拿去当了五角钱。贫困动摇不了郭沫若那颗探求真理和报效祖国的心，在继续埋头一批译作后，于这年深秋又携眷回到上海。

年底，他应友人之邀参加一项有关江浙军阀战争的战祸调查工作，从上海去宜兴，途经江南的不少城镇、农村。郭沫若耳闻目睹战争给人民带来的疾苦和惨状，也亲身感受了帝国主义侵略下民族经济的衰退和广大农村的凋敝。他运用已经学得的革命理论，分析观察眼前的社会现实，更感到自己应该"到民间去"，"把头埋到水平线下去，多过活些受难的生活，多领略些受难的人生"，[①]更切实地做一个同被压迫阶级站在一

---

① 引自郭沫若的《到宜兴去》。

起的革命文艺家。一九二五年五卅运动在上海爆发，郭沫若积极投入了这场以工人阶级为主体的反帝爱国斗争。他不但参加群众集会、发表演讲，还有感于当时一位十七岁华侨大学生被军警殴伤、由其同在上海读书的姐姐看护的事迹，赶写了两幕历史剧《聂嫈》，该剧借用战国时代女侠聂嫈维护、支持弟弟正义行动的故事，紧密结合了当前斗争，因此由上海美专学生在"新舞台"公演后，受到工人群众和广大市民的欢迎。这次演出，所得款项七百元，郭沫若不顾自己家境的困窘，全部捐献给了领导这次运动的上海总工会。

走上了十字街头的郭沫若，处于思想蜕变期的郭沫若，沐浴着时代的风雨，经受了斗争的洗礼，正向着一个马克思主义者的政治立场转变。这个时期，他已同在上海的共产党人瞿秋白、蒋光慈、张闻天等有了接触。他曾对瞿秋白讲述过他同国家主义者关于中国革命的一场论战，瞿秋白肯定了他的意见。一九二六年二月底，正是由于瞿秋白的推荐，广东大学聘请郭沫若任该校文科学长，郭沫若高兴地接受了聘书，于春暖花开时节来到了国民革命热潮中的南国花城——广州。

第一次国共合作以来，广州既是北伐革命的策源地，也是各种政治力量争夺的桥头堡。郭沫若抵达羊城的时候，正值蒋介石一手策划的阴谋反对共产党人的"中山舰"事件发生三天后，局势紧张，戒严未除，前来迎接的成仿吾将他带到联络人林伯渠家，适逢主人外出，倒有一位客人待在他家的书房里。这位客人身材颀长，面如满月，人字形的短发分排在两边，目光沉静，谦和中又不失深邃和热情。他说话时有浓重的湖南腔，声音却很轻，耳背的郭沫若听起来更觉得吃力。

想必成仿吾见过他，向郭沫若介绍，这是毛泽东。

比郭沫若小一岁的毛泽东，当时正在广州主办农民运动讲习所，还主编着创刊不久的《政治周报》。这位长沙第一师范的高才生当然是知道"创造社"主将、新文学大家郭沫若的，林家主人又不在，自然热情地同这位远客攀谈起来，向他介绍了不少广州和广东革命运动的现状。

郭沫若呢，当然也熟悉这位共产党人、农民运动领导者的大名。使他感到惊讶的是，毛泽东的声音"低而委婉"，他觉得这在叱咤风云的革命党人中简直"是一种奇迹"。他还注意到这位外表质朴的农家之子"脸皮嫩黄而细致"，不禁想起太史公马迁对大英雄张良"状貌如妇人好女"的评价来。也许在郭沫若心目中，日后在中国政坛上大展宏图的润之先生也是这样一位"奇男子"吧。一九三七年撰写文学自传《创造十年续编》时，他将跟毛泽东初次见面的深刻印象写了进去。

郭沫若受到了广东大学青年学生们的欢迎。他的充满革命精神的诗文论著和文学活动，本来在文学青年中就有不小的影响；主持文科教政后，他整顿师资，改革课程，鼓励真才实学，更受进步师生的拥戴，但也遭到顽固守旧势力的强烈反对，竟闹起矛头指向他的风潮。结果，由于广大学生坚决站在郭沫若一边，学校辞退了十五名"不良教师"，郭沫若的威信更高了。他还以充沛的革命热情，参加校内外的社会活动，仅红五月的一个星期内，他就出席了五次群众集会，他的鲜明、犀利、富有鼓动性的演说，不仅在知识青年中，在工商界、士兵和市民群众中也产生很大影响。他也曾应毛泽东之请，去农民运动讲习所给来自全国各地的"农运"骨干们讲课。在兼任黄埔军校教官时，他同初次见面的周恩来也有了进一步接触，周恩来在政治工作方面所显露的杰出才干，同样给郭沫若以深刻的印象。他后来回忆说："他的经验丰富而且头脑致密而迅速，在那时我实在接触着一个奇迹。"

短短几个月内，革命形势发展很快。在毛泽东、周恩来、林伯渠等共产党人的直接影响下，郭沫若从思想到行动都发生了巨大的转变。他亲身感受到工农群众中爆发出来的革命积极性，对正在发动的以铲除军阀统治、反对帝国主义为号召的武装北伐的迫切性也有了更真切的认识。这时他还萌发了加入中国共产党的要求。中共广东区委书记陈延年、负责广东"学运"的恽代英和广东大学的共产党员毕磊，了解到他的思想动向后，作了仔细研究，想让他在实际工作中进一步锻炼。恽代英同郭沫若谈话，建议他去参军，到黄埔军校去做宣传工作；在黄埔军校做政治部副主任的共产党员孙炳文也力劝他。随着叶挺独立团作为北伐军先遣队开拔，七月一日广州革命政府发表《北伐宣言》，郭沫若早年曾有过的"男儿投笔寻常事，归作沙场一片泥"的慷慨决心，又在他胸中燃烧起来，不过此刻他的投笔从戎已不再是少年人的单纯热情了。

郭沫若的参加北伐军，受到革命阵营的高度重视。当时任广东区委军事部长的周恩来亲自过问此事，并请已担任北伐军后方留守部主任的孙炳文正式转告总政治部主任邓演达。身为国民党左派将领的邓演达非常高兴，他陪同郭沫若一起去见总司令蒋介石。蒋对郭沫若很客气，在他的授意下，邓演达在请郭沫若任政治部宣传科长一职时，又给他增添了一个行营秘书长的头衔。孙炳文为即将随北伐军出征的郭沫若饯行，周恩来也参加了，当孙炳文将"戎马书生"的徽号在壮怀激烈的气氛中奉赠给郭沫若时，宴会厅里响起一片掌声。

一九二六年七月二十一日，一身戎装的郭沫若踏上北伐征途。此时十万国民革命大军已分三路进发，郭沫若所在的总政治部的队伍约千人左右，乘火车到韶关后即下车行军。在酷暑中翻山越岭，风餐露宿，日晒雨淋，还要经历大大小小的战斗，对过惯了书斋生活的郭沫若来说，当然是一种严峻的考验。有一天晚上，整日奔波后在荒野间升起篝火，胡乱用了夜饭，因为天黑和明天一早要动身，各人用的行军床都来不及取出，邓演达和俄国顾问铁罗尼就在一处石板铺的坟台上和衣躺倒睡了，郭沫若却嫌它硬，想找个"柔软的地方"躺下来。第二天，当他在躺了一夜的深草丛中被军号声唤起时，身上的衣服都被露水湿透，非常不舒服，而军人出身的俄国顾问和邓主任却精神抖擞地出现在他的面前，笑他这个秀才"不会睡觉"出了洋相。

队伍到了长沙后，给他配了一匹马。郭沫若不会骑，自嘲"人坐在马上，与其说'心忧天下'不如说忧的是'马下'"，因此只好对这匹老白马采取"人道主义"，让它驮东西或者给别人骑。奇怪的是，这段时间里，"戎马书生"的体力，尤其是脚力特强。他不但大多是跑路，而且天天打前站，每到一处总是他先到，去替大家找宿营地、烧菜煮饭，忙个不停。

北伐军的高昂斗志和严明纪律，得到了人民群众的广泛支持，以摧枯拉朽之势，扫荡着盘踞在南方各省的封建军阀势力。正当北伐军取得节节胜利之际，早已蓄谋破坏国共合作、实行军事独裁的蒋介石逐步暴露出他的反革命嘴脸。一九二七年三月中下旬，蒋介石一手制造了雇用流氓、暴徒在九江、安庆等地镇压革命群众的流血惨案，更大更凶险的屠杀共产党人的反革命政变阴谋也在酝酿之中。此时在南昌主持总政治部工作的郭沫若，对蒋介石的所作所为已有了直接的观察和了解。当蒋介石以委任高官为诱饵，企图拉拢郭沫若跟他走时，郭沫若当面拒绝，而且坚决站在主张将革命进行到底的中国共产党人一边，同国民党反动派公开决裂——三月三十一日这一天，看透了独夫民贼真面目的郭沫若，在当时担任二十军党代表并兼任南昌市公安局长的朱德家里，义愤填膺，奋笔疾书，写下了一篇后来产生了很大影响的讨蒋檄文：《请看今日之蒋介石》。

这篇出自"戎马书生"的大手笔，充满了革命正气和战斗激情，同时也表现了郭沫若作为政治家的远见卓识。它以无可争辩的事实，从营垒内部揭发了蒋介石已走上背叛革命、背叛工农的罪恶行径，号召与动员一切革命者和同情革命的人们丢掉对蒋的幻想，立即行动起来，投入反蒋斗争。文章以传单和小册子的形式广为散发，不久又在武汉的《中央日报》等报刊上发表，犹如燎原的大火照亮了人民群众的眼睛，也像投向敌丛的炸弹，震撼得蒋介石坐卧不安。他拍桌踢凳，发誓要消灭郭沫若的一切文字。此后，郭沫若的许多著译都被国民党当局明令禁止，郭沫若本人被通缉，他加入不久的国民党党籍自然也被开除了。

郭沫若没有被吓倒，他秘密回到"四·一二"政变后白色恐怖笼罩下的上海，同周恩来见面；征得周的同意后，又去武汉和邓演达商量组织反蒋力量。从六月中旬"二次北伐"的革命军班师武汉，到七月十五日"宁汉合流"汪精卫联蒋反共，国内形势急转直下。就在这国民革命的胜利成果被国民党反动派断送之际，南昌城头响起了"八一起义"的枪声。

八月惊雷

一九二七年八月一日清晨在江西南昌响起的枪声，是共产党人武装反对国民党反动统治的开端，揭开了第二次国内革命战争的序幕。领导起义军的周恩来、朱德、贺龙、叶挺、刘伯承等人在当天上午推选出由二十五人组成的革命委员会时，也将深孚众望的郭沫若选了进去，并且还推选他为宣传委员会主席，任命他为总政治部主任。

而此刻，郭沫若还在九江张发奎部队里。起义的消息传来，大家反应不一，郭沫若想说服张发奎一起去南昌，张发奎却想让郭沫若同他一起远走日本。结果是分道扬镳，张发奎没有阻拦郭沫若，反而劝他趁今晚口令还没有改变赶快走。

郭沫若及随行者当即离开军部去火车站。铁路因战事而不通，他们在铁路工人的帮助下，坐铁道上的手摇车，于第二天一早迎着初升的太阳出发了。随着"自己人"军事占领区的临近，坐在手摇车上的他们心情更加兴奋，好像路边的田野、树林也特别青翠，南风中送来的花香也特别馥郁。郭沫若还高兴得让工友坐下休息，自己手摇着车把，一路飞驰。

到了途中大站涂家埠，发生了他们意想不到的事情。

这个车站上挤满了从南昌下来的被起义部队缴了械的程

潜、朱培德的兵，正怒气冲冲等着列车往九江方向开。他们看到郭沫若穿着军装，起先不明来路，还喊他长官，当郭沫若走进站长室，跟南昌那边的牛行车站通话时，终于从他的口风中听出了他的身份。由于天热，脱下上衣的郭沫若还露出了裤带上佩着的勃朗宁手枪。这样一来，无异于火上浇油，围在窗外偷听的散兵游勇们见郭沫若走到月台上，立刻向他扑过来。

真是秀才遇见了兵！在喊打声中，郭沫若被摔倒在地，被打掉眼镜、抢去钢笔和手表，他死死抱住怀中的"勃朗宁"毫无还手之力。一个家伙还顺手捡了块大石头向他当胸砸来，幸好只是块炭渣。

被围攻殴打的郭沫若飞快地在头脑中掠过死亡的阴影：从广东出发时，霍乱流行，眼看一些民夫和士兵倒在路旁送了命，自己没有死；攻打武昌时，冲锋在他身边的俄文翻译纪德甫牺牲了，自己却活下来；蒋介石的通缉令下达后，他到过南京，进出上海，也没有遭殃……可现在，却要将性命断送在这涂家埠车站上一群乱兵暴徒手里了！

还是"勃朗宁"救了他：一个歹徒夺下他怀中的手枪又将它高举过头，所有的大兵都一哄而起抢那宝贝武器去了，郭沫若乘机逃脱。他穿过铁道来到一间工友房前，情急中按着窗口跳了进去。屋里有位妇女抱着乳儿在午睡，郭沫若示意她不要声张。一直等到外边的哨子响了，有火车开动的声音，郭沫若才离开那房子。出门的时候，他望望刚才跳进来的窗口不免后怕，它足有齐胸高，竟被他带着伤痛一按而过了。

与他同路的李一氓也挨了打，一个小勤务兵被散兵们架上了火车，大家的行李全被抢光。待几人会齐后，继续坐手摇车上路，冒着一场瓢泼大雨，好容易赶到赣江边。渡江进城，真正回到自己人身边，已是天黑以后了。

郭沫若一行被带到贺龙军部，正在吃饭的贺胡子高兴得跳起来。他一把抱住郭沫若，弄得他身上的伤处更疼痛了。周恩来很快赶来，听说他们被抢，将自己刚发的一套蓝布军服送给郭沫若，还一面关心地问这问那。战友重逢在这样的生死关头，越发感到革命情谊的可贵。

第二天，郭沫若身穿那套崭新的蓝布军装，臂膀上系着红袖章，精神焕发地参加了南昌起义进军广州誓师大会。会后，浩浩荡荡的队伍顶着盛夏的烈日出发了。从赣东南经闽西进入广东，盘旋的山路、恶劣的气候和国民党反动派的包围进攻，给英勇的起义军带来了很大的威胁，但郭沫若怀着坚强的革命意志，在进军途中做了许多宣传鼓动工作。直到几十年后，他还记得过临川时吟成的一首小诗：

> 夜雨落临川，军书汗马还。
> 一声传令笛，铁甲满关山。①

更难忘的是八月下旬的一天，当队伍驻扎在瑞金绵江边，郭沫若由周恩来、李一氓介绍，加入了中国共产党。真像是经过了千回百折，从高山大岭间奔腾而来的生命之水，终于在这雷霆万钧、铁流滚滚的火红八月里，汇进了永不干涸的真理之海。郭沫若三十五年的人生历程也开始了一个新的起点。

---

① 一九七〇年八月三十一日郭沫若手书此诗赠王震。

《恢复》前后

　　起义军到达广东后，九、十月间在潮汕地区遭到国民党反动派的大举围攻，激战失利，被迫撤退至普宁县的流沙。生着重病的周恩来召集起义领导人开会，根据党的"八七会议"和中央指示精神，决定武装人员撤至海陆丰坚持长期斗争，非武装人员愿留则留，不愿留的就地分散；高级党政军领导干部由当地党组织从海路潜送香港。因此，又经历了一番艰难险阻的转移，郭沫若才于十一月底秘密返回上海。

　　长期离散的家人又团聚了。虽然蒋介石出过"三万元赏格"缉拿这位"趋附共产"者的首级，但经受了战火磨炼的郭沫若却毫无畏惧地继续战斗在上海的革命文化阵营里。他以"麦克昂"的笔名撰写出包括《英雄树》在内的一系列重要理论文章，旗帜鲜明地提出"我们的文艺是'普罗列塔尼亚的文艺'"，无产阶级革命文艺的方向应该是为"大多数的人们"、为"产业工人和占人口最大多数的农民"，这在中国现代文学史上还是第一次。为了联合革命文艺战线上的同盟者，他还通过郑伯奇、蒋光慈同鲁迅联系，联名发表《创造周报》复刊广告，一起从事新的革命文学运动。后来因为"创造社"内部分歧，这一计划未能实现。

周恩来也回到了上海，在中共中央机关工作。虽然他自己也不能公开活动，但十分关心郭沫若的处境。十二月初，经与周恩来商量，党组织为郭沫若联系好，让他一家乘苏联人员撤离上海的最后一班海轮去苏联。郭沫若接到通知后非常兴奋，以为他多年的梦想就能实现了。没料到，即将登程的日子里，他生了一场重病斑疹伤寒，住进医院二十多天。错过了船期，出国计划也耽搁下来。身为战士的郭沫若却没有在病床上虚度光阴，在同病魔的搏斗中，在积蓄体力的恢复期里，他的全部思绪仍在多年走过的关山险隘间萦绕，他的意志仍在硝烟烽火里呐喊、冲锋，他的心仍在为胜利而欢笑，为革命的挫折而沉思，为战友的牺牲而悲悼……《女神》时代的那样一种"诗的感兴"带着前所未有的清醒，又不断地向他袭来，在他翻腾的脑海中闪现、奔突，令他不能自持。他拿起了诗笔，将放在枕下的抄本取出来，"诗兴"随到随记，很快就录成了一个集子。出院十天后，他给这部刚完稿的诗集起了个名字，就叫《恢复》。

　　在郭沫若的诗歌创作中，《恢复》同样是一部里程碑式的作品。它鲜明而真实地记录了投身大革命洪流的"戎马书生"的心路历程。特别可贵的是，在革命严重受挫、斗争转入低潮时，依然以对敌人的憎恨与蔑视、对战友的深切怀念、对人民的高度忠诚，表现出一个革命者誓与敌人战斗到底、为实现共产主义理想而献身的坚定信念。例如，在《如火如荼的恐怖》中，面对国民党反动派制造的白色恐怖，他唱出了这样的心声：

我们的眼前一望都是白色，
但是我们并不觉得恐怖。
我们已经是视死如归，
大踏步地走着我们的大路。
要杀你们就尽管杀吧！
你们杀了一个要增加百个：
我们的身上都有孙悟空的毫毛，
一吹便变成无数的新我。

在《诗的宣言》中，他坦诚而真率地宣告：

我是诗，这便是我的宣言，
我的阶级是属于无产；
不过我觉得还软弱了一点，
我应该要经过爆裂一番。

诗人公开承认自己诗歌的无产阶级性质，对于这尚属"普罗列塔尼亚文艺"萌芽期的创作，也抱着清醒和积极的态度。在诗集的终篇《战取》中，郭沫若更以饱满的战斗热情和乐观主义精神，预言"乌云压城"的现实正是"暴风雨快要来时的先兆"、"新社会快要诞生的前宵"，也表达了自己准备作那《国际歌》所唱的"这是最后的斗争"的决心：

我已准备下一杯鲜红的寿酒，
朋友，这是我的热血充满心头。

要酿出一片的腥风血雨在这夜间，

战取那新生的太阳，新生的宇宙！

　　《恢复》以"中国无产阶级第一部诗集"的荣耀，载入新诗的史册。它的清醒的、战斗的融合了现实主义因素的创作风格，展示了郭沫若诗歌的新方向。这是革命诗人郭沫若在经历了劫难和大病后的"复活"与"新生"。诗集于一九二八年三月出版的时候，诗人已离开了上海。在周恩来的亲自安排下，郭沫若同他的家人为安全起见分开乘船，于二月底又一次东渡日本，开始了他海外十年的流亡生活。

我是中国人

郭沫若一家在东京附近的市川住下来。没过多久，他这个被国民党政府通缉的"左派要人"就被东京警视厅盯上了。因为当时已经彻底军国主义化了的日本，正在加紧其法西斯专政，对国内的左翼党团活动也明令禁止并严加镇压，当警方从成仿吾寄往东京的信中查悉化名"吴诚"的中国人就是大名鼎鼎的郭沫若时，竟非法逮捕了他，将他投入东京桥区的一间狭窄、阴暗的牢房。

郭沫若在国内都没有尝过"铁窗风味"，日本帝国主义者的无理关押，使他非常愤怒，"好像整个中国都睡在那狭隘的监牢里，整个四万万五千万的中国人民都睡在那狭隘的监牢里了"。在审讯中，他据理力争，说化名只是为了出国的需要，对日本并无恶意。由于查不出任何凭据，拘留三天后，他被释放了，但他深知这"只是从一间窄的牢房被移进宽的牢房，从一座小的监狱被移进一座大的监狱"——正像他早在一九二三年毕业回国时写过的一首别离诗中所感慨的那样，他如今在这樱花之岛上被"判决"的真是一个流亡者兼嫌疑犯的"有期徒刑"了。

从此以后，他就受刑士（便衣警察）和宪兵的双重监视。刑士是警方专门派来的。隔不上两天就要登门拜访，一坐半个钟头，谈些不相干的话，耗点时间倒也罢了，但他给主人留下的不愉快，却是难以计数又久久不能消除的。

　　有一次，一个刚接班的刑士只知道他监视的这个中国人很有来头，曾有过"中将"衔，竟将他当成了下野的军阀，因此谈话间客客气气地问道：

　　"阁下，你的部下还有多少人？"

　　郭沫若自然明白他的意思，又好气又好笑，便伸出四个手指向他示意，其实是指自己有四个儿女。谁知那家伙却吃惊地说：

　　"哦，那不得了啦，有四万人吗？"

　　郭沫若没有回答，也许他正在心里说：刑士先生，你说少了，我的"人"何止"四万"这个区区小数，百倍千倍也不止啊！

　　最让郭沫若不能忍受的，是宪兵们的骚扰。这批家伙属于镇守东京宪兵师团的，就驻扎在市川镇上。自从郭沫若被捕事件发生过后，他们也成了郭家的不速之客。同穿便衣和喜欢"侃大山"的刑士不同，这些穿马裤、脚蹬长筒黑皮靴的日本宪兵要横暴凶蛮得多。他们差不多天天来，全不打招呼，穿过一条死巷从后门进入，再通过甬道大摇大摆地走出前门，如此逡巡一番。按照日本的国法，这是犯了"家屋侵入罪"的，因此不知几回合后，一个星期天的早晨，郭沫若在走廊上看报，那入侵者又突然地出现了，他再也忍耐不住，就提出了抗议。

　　宪兵没想到被监视的"枪果老"（日本人对中国人的恶称）不欢迎他的到来，竟敢说三道四，这还了得！他索性从甬道边的短栅上跨过来，一脚跳进正屋里，对着郭沫若大吼起来："怎么样，我是奉命来看管你的！"

　　被看管者不愿示弱，也抬高了声音："岂有此理！你进了我的家屋，就不怕犯了你们的国法！"

　　"哼，你是支那人，我们的国法不是为'枪果老'设的。你有胆量就回支那去，我却有胆量在你支那境内也要横行，你能把我怎样？"

　　机关枪、连珠炮般的一串侮辱言语，从那凶神恶煞的宪兵嘴中喷射出来。郭沫若只觉得脸上被烧得滚烫滚烫，脑袋都快要炸裂了：是啊，他确实是在中国境内也能横行的人；而我呢，连自己的祖国都回不去，又能将他怎样？

　　直到安娜跑过来解围，这场针锋相对的"国际争端"才算渐渐平息下去。盛气凌人的长筒黑皮靴，蘑菇一阵后也笃笃笃地走了，留下的钝响却仍像在耀武扬威。不过经过这番冲撞，宪兵们光顾郭家的次数明显减少了，但在郭沫若的心里，对他们的厌恶却有增无减。只要门外一响起入侵者的脚步声，那穿马裤、脚蹬长筒黑皮靴的身影闪过眼帘，他的中枢神经就会拉警报似的作出强烈反应，恨恨地告诉他："日本帝国主义的横暴，虽是小规模，却是十分具象化地对你示威来了！"于是，这位侨居异邦的屋主人就会这样提醒自己：

　　"我不会忘记的！永远不会忘记，我是中国人——中、国、人！"

穿越历史的行旅

    郭沫若没有消沉于被迫流亡和受到监视的困难境地，相反，他将自己的革命意志和过人精力，全部投入到新的学习、工作与斗争中。仅初到日本后的大半年时间里，他就手不释卷地大量阅读、钻研马克思主义的哲学、政治经济学和历史学著作，还翻译了马克思的《政治经济学批判》和马克思、恩格斯合著的《德意志意识形态》这两本经典名著；与此同时，他开始了对中国古代社会的深入研究。从一九二八下半年到一九三七上半年，郭沫若在海外十年的时间里，对中国古代社会、甲骨文字和金文的研究，取得了举世公认的辉煌成就。单在此期间他获得出版的史学、考据学和文字学专著就有十四种之多，其内容之丰富、观点之创新和影响之巨大，均为一时之最，远远超出同时代的其他学者。这一切奠定了郭沫若在历史科学研究中许多方面的重要地位，建立起一个新的史学体系，也使这位声名卓著的新文学大家成为中国马克思主义历史科学的奠基人。

    郭沫若之所以选择回到古代的研究课题，也是同当时国内政治思想斗争和社会科学研究的实际需要分不开的。一方面是在大革命失败后的总结经验教训中，掌握马克思主义理论、认清中国社会现状及其历史发展，已经成为迫切的需要；另一方面，中国古代社会的科学研究，长期以来是一片空白，以强调"中国国情不同"来反对马克思主义传播的胡适派观点在思想文化界还很有市场，因此运用唯物史观具体深入地研究中国历史，揭示革命理论的普遍性同"中国国情"特殊性之间的关系，也同样深深吸引着郭沫若那颗本来就对历史抱有浓厚兴趣的"求是之心"。他自己后来也说过：他的目的就是"为了向搞旧学问的人挑战，特别是向标榜'整理国故'的胡适之流挑战"。

初到日本时，郭沫若一家全靠在上海的"创造社"总部每月寄来的一百元维持用度。不久总部遭国民党政府查封，断了这笔生活来源，吃饭都成了问题，哪有经济能力支持他的研究呢？手头拮据，没钱买书，郭沫若就充分利用在东京的东洋文库、文求堂书店等藏书丰富的场所，不辞劳苦地天天往返于城乡，查阅、抄录资料。身在异域、孤军作战的他，还向一切能够联系得上的国内外同行伸手，虚心求教，相互切磋，如与燕京大学的容庚教授建立联系，获得他的许多帮助。当他的母校老师、九州大学的小野寺直助教授来信鼓励他的治史工作时，他也没有忘记向他求援，借阅"九大"文学部对于殷墟所出龟甲兽骨等文献资料的收藏。对于当时国内这方面的最新考古信息，他更是如饥似渴地多方搜求。

盘坐在仅有四席大的狭小书房里，埋首于甲骨、青铜和典籍文献之中，郭沫若像回溯进光阴之流的一叶劲帆，礁丛再多、阻力再大，也要勇敢地划向历史之海的彼岸。在这艰难的探索与登攀中，他更像是一个背着空空行囊的旅人，虽然穷得一无所有，但他意志坚定，心明眼亮，确信自己进入的是一座正在被现代人重新发掘、整理和考订的名叫"古代社会"的宝山宝库，因为在他的前面，已经有了先行者不朽的发现和成功的路径。引导他的，当然不是阿里巴巴所念的"芝麻开门"的咒语，而是为马克思所创立的指路明灯——辩证唯物论和历史唯物论，以及恩格斯那本《家庭、私有制和国家的起源》的皇皇巨著。就是在这宝山宝库的"中国门"里，虽然至今仍混沌漆黑，但王国维等前辈所做出的努力已为后来者扫清了不少障碍，何况那照耀世界历史的科学真理的阳光，已同样喷薄在东方的地平线上……

就是这样，钻研不歇的收获，充实了探险者的沉沉宝囊；耕耘不停的辛劳，铸就了破译艰深古奥的宝钥。一部又一部厚厚的文稿，浸透郭沫若的心血与汗水，也渗进安娜的悉心照料和全力支持，带着全家人的希望与祝祷，从市川小镇上的这个贫寒之家寄送出去了。人间回报给这位孜孜不倦、胼手胝足的史坛巨子的，虽然不是财源滚滚和锦衣玉食的生活，却是比任何金钱都更宝贵的对他科研成果的赞誉和认同。当一九三〇年三月，赫然印着消失已久的"郭沫若"名字的《中国古代社会研究》由上海联合出版社推出后，正在展开中国社会史大论战的国内史学界为之震动，因为郭沫若第一次以翔实的史料和鲜明的创见，揭示了中国古代社会同样存在着奴隶制阶段等重要问题，从而印证了马克思主义关于人类社会历史发展的科学原理的普遍性。蜗居东瀛的郭沫若成为国内史学论战的代表人物和最后赢家，新书一版再版，供不应求。郭沫若的其他史学著作如《甲骨文字研究》，也同样受到同行的欢迎与重视，连国民党官办的中央研究院都想刊行这部手稿，但提出要作者"化名"出书，而此时亡命天涯的郭沫若已决定行不更名、坐不改姓，不为所动，毅然谢绝了这份"官家之粟"。

历史学家郭沫若对中国文化、中国革命的贡献同样是巨大的。周恩来对郭沫若海外十年的史学研究给予了高度评价，说"他不但在革命高潮时挺身而出，站在革命行列的前头，他还懂得在革命退潮时怎样保存活力，埋头研究，补充自己，也就是为革命作了新的准备，准备了新的力量"。毛泽东也曾在一九四四年致郭沫若的信中称赞他的"史论、史剧，大有益于中国人民"。当鲁迅在郭沫若的《甲骨文字研究》出版后，收到他托人转赠的一部新书时，热情地对来人说："他有伟大的发现，路子对了，值得大家师法。"

这位穿越历史行程的旅人，也关心着国内的革命文艺运动。二十世纪三十年代初，国民党反动派加紧了文化战线上的反革命"围剿"，由中共党组织所领导的"中国左翼作家联盟"（简称"左联"）与之展开了英勇的斗争。五四新文学的巨人鲁迅，正是在这场反"围剿"的斗争中，成为文化革命的主将和"左联"的一面旗帜的。此时身在日本的郭沫若，依然通过各种方式，同革命营垒里的战友们保持着密切的联系。

早在一九二八年年初，他就提出"我们应该组织一个反拜金主义的文艺家的大同盟"。一九三〇年三月，"左联"在上海召开成立大会之前，当郭沫若从阿英的来信中得知筹备情况时，立即回函表示支持。虽然他本人无法出席这次革命文艺界的誓师大会，但他的名字同鲁迅、沈雁冰、冯雪峰、田汉、夏衍等五十多位文艺家的名字一起，列为"左联"发起人登在大会的宣言书上。为了表示他对这个新生的革命文艺团体的坚决支持,郭沫若将自己所译的《少年维特之烦恼》一书的全部版税捐献出来,作为"左联"的活动基金。

为了实现和巩固左翼作家的联合,推动革命文艺的发展,郭沫若撰写了《我们的文化》《文学革命之回顾》《关于文艺的不朽性》《"眼中钉"》等一系列理论文章,对"五四"以来的新文化运动认真进行总结,也对自己和"创造社"前期的思想作了清算。有必要指出的是,在相当长的时间里,以郭沫若为代表的"创造社"同人与鲁迅之间一直存在着"不和",除了艺术观点上的分歧和某些误会外,主要是由"创造社"早期的宗派主义和偏激情绪造成的,他们错误地批判鲁迅的"封建意识",郭沫若曾化名"杜荃"写文章攻击鲁迅,把鲁迅完全排斥到革命阵营之外,产生了很坏的影响。通过自我批评,郭沫若的认识有了很大改变,虽然后来在关于"国防文学"和"民族革命战争的大众文学"两个口号之争中,他仍有过一些不无偏颇的言辞,但那已经是同一条战线上的辩论。自"左联"成立后,郭沫若在多种场合表示对鲁迅的尊敬,希望与鲁迅沟通,鲁迅也关心和支持着远在海外的郭沫若,但病魔夺去了两位文坛巨星见面与握手的机会。一九三六年十月十九日鲁迅逝世的噩耗传来,郭沫若当天夜里就在市川的家中写出追悼文章,题为《民族的杰作——纪念鲁迅先生》,后来又出席了留日学生在东京举行的鲁迅逝世追悼会。

郭沫若还躲过日本警方的盯梢和阻挠,积极支持、参加由留日的文艺青年组成的"左联"东京分盟的活动,为他们办的刊物写文章,为向他求教的青年作家看稿、写序。郭沫若更以自己的犀利笔锋和渊博学识，创作了借古讽今的历史小说集《豕蹄》，通过贾谊、项羽、老庄、秦始皇等的故事新编，配合了当时国内反蒋抗日的现实斗争。同一个时期里，他的自传体文学创作和外国文学译作，也取得了丰硕的收成：《我的幼年》《反正前后》《北伐途次》《创造十年》等自传名篇相继出版；列夫·托尔斯泰的长篇巨著《战争与和平》、辛克莱的名作《石炭王》和《屠场》等中译本，也都出自这位中华大文豪的笔下。

　　郭沫若不但关注着国内的救亡运动和文化斗争，也惦念着经过两万五千里长征到达陕北的工农红军。那是一九三六年深秋的一天，郁达夫的突然来访给他全家带来了意外的惊喜。来自国内的许多消息都使郭沫若心潮澎湃、激动不已，尤其是听说多年不见的成仿吾此时已在延安的宝塔山下，成为了那面曾为"八一"起义的火光所映照的猎猎红旗下的一员！郭沫若怀念这位福冈时期就相熟相知的"创造社"老友，深为得悉他的革命行踪而高兴，也为感同他的奋斗目标而振奋。浮想联翩、夜不能寐的诗人趴在榻榻米上，写下了一首题为《怀C．F》的诗。[①]这是一首郭沫若生前没有发表过的诗，但它对我们了解当年诗人心系祖国、心系革命的思想状况却是极其难得的。郭沫若在这首直抒胸臆和"畅所欲言"的篇什里，将成仿吾比喻成在沙漠中建造"理想的蚁塔"的"蚂蚁大军"中的一员：

　　　　爬过了千里的平原，万重的高山，浩荡的大川／要在

―――――――――――

① 此诗见于郭平英的《一个共产党员的泰然》（原载《郭沫若百年诞辰纪念文集》），"C．F"系成仿吾名英文缩写。

沙漠的边际，建立起理想的社团／我赞美着那有纪律的军旗／我赞美着成了蚂蚁的你……

　　C．F／八年以来我是一刻也不曾忘记你／我虽然和你隔离／我虽然受着重重的束缚，累赘／让我这菲薄的蚁翅／一时总也飞不起／但我的想念不曾一刻离开过你，不曾离开过那千山万水地，千辛万苦地／为着理想的乌托邦之建立／向沙漠中突进着的军旗／我自己未能成为蚁桥中的一片砖／我是怎样地焦愤，自惭……

　　诗人同样自比为"蚂蚁"，他是属于这"蚁桥"和"蚁军"的。只是他的"蚁翅"还被束缚着，但他已听到了同伴的呼唤，也听到了祖国的召唤！

出走之晨

卢沟桥的炮声，震撼着全国同胞的心，也召唤着日夜翘盼的海外赤子。经过郁达夫回国后的奔走联系，更迫于国共合作、建立抗日民族统一战线的新形势，南京政府不得不同意郭沫若回国。身陷敌国比以前更严监视的他要想携带家眷出走是根本不可能的，就是只身闯关也难免不测。为了防备万一被日本警方拘捕甚至杀害，郭沫若决定行期后即写了份"遗言"，并将它交给可靠的友人保存，以便日后需要时公布于世。在这份"遗言"里，郭沫若袒露心迹："临到国家需要子民效力的时候……我决不怕死辱及国家。帝国主义的侵略，我们唯有以铁血来对付它……努力吧！祖国的同胞！"誓死报国之情溢于言表，爱国心切的他作了最坏的思想准备。

在友人金祖同和钱瘦铁的帮助下，买好了七月二十五日的船票。这是个星期天，动身前夕，他一夜没有睡好，凌晨四时就起床了，轻手轻脚地踱进小书房，给妻子和四儿一女分别写了留言。虽说落在纸上的这些话，都是最近这十几天来他在心里不知说了多少遍的，但此刻一经写出，心情还是非常激动，眼中的热泪又滚落下来。

对于安娜，郭沫若是恋恋不舍又深感愧意的。自一九一六年冬天他们结合以来，这个温柔又坚强、美丽又质朴的日本妻子为她的中国丈夫付出的实在太多了。二十年来，为了生儿育女，为了支持他的学业和创作，为了追随他的革命和事业，为了照顾他的生活和身体，无论成功还是失败，无论健康还是疾病，安娜总是拖儿带女，东奔西走，操劳一切，可以跟他浪迹天涯、形神交瘁而毫无怨言。最近这十年来虽说安定了一些，但同样受惊吓、历辛苦。为了给孩子们增添营养，这位丢掉了护士专业、安心做家庭主妇的女校高才生，早已学会了养鸡下蛋，住到市川小镇后她还租种了一块田地，当起了农妇。郭沫若有多少话要向这位贤妻良母倾吐！但他怕伤安娜的心，更怕走漏风声对全家不利，竟狠着心儿不告而辞了。一想到这里，他就更加自责和难过。

写完给妻子的留言，再给每一个孩子写。和儿已经长成大人了，昨晚的饭桌上，郭沫若向他和安娜暗示了自己有归国之意。他们都没有说话，只是闷闷地吃饭。就寝时，安娜才说了句："你要走是可以的，但你的性格冲动，真希望你今后能珍重自己，平平安安。"做父亲的能寄希望于长子的，当然也是他对于家庭和母亲的责任了，再有也是希望他堂堂正正地做人。不过，郭沫若没有写这些话，时间也不允许他多写，他只给大孩子们写了"勤勉"二字，用毛笔写成大字贴在墙上，让他们天天能看到父亲的敦促和期待。对年龄最小的志鸿就不同了，还没上小学的他一个汉字也不识，也许曾跟家里人牙牙学语似的念过点"片假名"（日本的楷书字母）吧，做父亲的于是就用"片假名"给最疼爱的小儿子留下了祝福：

"鸿儿，爸爸走了，盼你无病无灾，健康长大。"

　　是的，这一去谁能料到何日再相见呢？"一衣带水"并不难渡，难的是一家人竟被隔在了相互的"敌国"！记得鸿儿出生时，安娜为减少麻烦，出生证上的"父亲"栏内是空着的，没有填写，结果招来"私生子"的耻辱，现在刑士监视下"出逃"的罪名，恐怕更大更可怕了吧。

　　写完留言，郭沫若抹着眼泪回到卧室，儿女们纵横地睡着，望了他们一眼，郭沫若的泪水又忍不住了。这时安娜已醒，正开了电灯在枕上看书，显然她还没有意识到今天将要发生的事。当郭沫若揭开蚊帐，在她额头上轻轻一吻的时候，安娜的眼睛仍在看书，她依然没有觉察出这个不平常的动作，已经是丈夫的"诀别之礼"了。

　　郭沫若向他无限眷恋的家告别，包括庭园里正在盛开的栀子花、小莲池里游弋着的金鱼。当他身着和服、脚蹬木屐，穿过篱栅走上露水打湿的夏日田塍时，仍不断地回望家里亮着灯光的窗口，安娜还在灯光下看书呢。郭沫若的脑海里闪回二十年前那个夏天他们初会时，安娜眉宇间那道"洁光"所给予他的强烈印象，禁不住在心中暗暗地叨念起来："亲爱的人呀，你，受难的圣母！"

　　"受难"二字没有说错。郭沫若回国后，有关消息和他的归国文章见诸中外报端，恼羞成怒的日本警方立刻闯进市川郭家，逮捕了安娜，搜查了住宅，翻箱倒柜，天花板都撬了下来。安娜被关押了十天，连小儿子志鸿都记得妈妈是瘸着腿回来的，大腿上一块乌黑的淤伤，很久很久都没有消退。

　　只身离家的郭沫若于早晨六时前赶到东京，当天下午从神户上船，日本"皇后号"载着这位神秘的旅客，踏着滔滔海

浪，驶向上海黄浦江口。那海天间长鸣的汽笛，也好像在宣泄
着十年不见祖国容颜的游子心声：

> 此来拼得全家哭，今往还将遍地哀。
> 四十六年余一死，鸿毛泰岳早安排。①

---

① 此诗见《战声集·归国杂吟》，原题为《黄海舟中》。本节资料除采用郭沫
若自传体作品外，还参考了泽地久枝著的《郭沫若与郭安娜》（向文秀译，
转引自《沙湾文史》第七期）。

重逢在武汉

　　回国后的郭沫若，立刻投入了如火如荼的抗日救亡运动。在很短时间内，他参与了上海文化界救亡协会的创建，担任该会负责人和机关报《救亡日报》的社长，撰写了许多战斗性、鼓动性很强的诗文。一九三七年"八一三"淞沪抗战爆发，上海成了战场，他多次率领文化宣传服务队和战地服务团，到前线进行宣传慰劳和救济难民的工作，还亲自编写了四幕话剧《甘愿做炮灰》。十一月底，他同何香凝、邹韬奋等知名进步人士同船离沪去香港，在港一周后又来到广州，于一九三八年元旦将一度停刊的《救亡日报》恢复起来。就在这时，他接到刚就任国民政府军事委员会政治部部长的陈诚从武汉发来的电报，说是"有要事相商，望即命驾"。当时南京已经失守，武汉成了事实上的"战时首都"。国共合作，许多老朋友都在那里，郭沫若也很想去看望他们，便于元月上旬到了江城武汉。

　　郭沫若并不急于去见陈诚这位"党国要员"，而是在抵达汉口的第二天就住进了叶挺的新四军办事处，当天晚上又去附近的八路军办事处，见到了周恩来、邓颖超、林伯渠、董必武等人。阔别多年的重逢，使彼此都非常兴奋。郭沫若告诉周恩来：去年回国后去南京，蒋介石曾当面要他到政府里做事，被他拒绝了；这回陈诚出面找他，不知搞什么名堂。周恩来此时是陈诚的"副职"，自然知道一点情况，说可能要你当政治部所隶属的第三厅厅长。郭沫若表示自己"耳聋"不适合当官，再说在国民党支配下做宣传工作，只能是替反动派摇旗呐喊，恐怕会失去群众。周恩来劝他不要看轻这项工作，"如果你不去领导主管宣传的第三厅，我这个政治部副部长也不必当了，当了也毫无意义"。

周公的话还响在耳边，但当陈诚向郭沫若交底后，他看到"升官图"上多是些陈诚的心腹，三厅副厅长刘某更是陈的一员健将，这无疑是让自己当傀儡，因此犹豫再三，走为上策，一气去了长沙。老朋友田汉在那里热情地接待了他，还有一班文艺界的同行。虽说天天浸泡在友情中，但郭沫若的心灵之秤还是不平衡的：武汉方面有多少双眼睛在渴望着他回去！其中有一双脉脉含情的眼睛，更对他有着特殊的吸引力——她的名字叫于立群。

于立群是《大公报》驻东京记者丁立忱的胞妹，郭沫若在日本同立忱有过很深的交往，不幸的是立忱比郭沫若早回国四个月，由于身患肺病，忧愤于时局、社会和个人的命运，这位心高命薄的才女竟于不久前寻了短见。郭沫若在上海凭吊过她的墓地，没想到也因此而结识了这位于家小妹。刚过而立之年的于立群是演艺圈里的小字辈，但她朴实、寡言，吃苦能干得像个村姑。她和郭沫若同离上海，经港、穗又同到武汉，此时已同郭沫若难分难舍的她也住在新四军办事处，备受邓颖超大姐的照顾。有了这样一位"说客"来拉"郭厅长"回武汉上任，的确是最适合的人选。果然，当一身黑衣也掩盖不住青春光彩的于立群出现在长沙时，情况立刻有了变化。

"我不入地狱谁入地狱！朋友们都在地狱门口等着，难道你一个人还要留在天堂里吗？"老友田汉也站在武汉一方面的立场上来"激将"了。

"好吧，我们一起去受罪吧。"郭沫若含笑望望于立群，顺着这个台阶改变了态度，因为立群也带来了周公的意见，还说那位刘某因绯闻而滚蛋了。田汉这位编写过多少爱情戏的专家却大笑起来，对于立群说："不辱使命，不辱使命！毕竟还是女性的力量大，爱情的力量大啊！"说得她涨红脸低下了头。

由于抗日统一战线的感召力，郭沫若主持的第三厅很快就集中起国内一批知名的文化人：田汉、胡愈之、冯乃超、阳翰笙、洪深、史东山、冼星海、张曙、张光年、应云卫、叶浅予等，文学、美术、音乐、戏剧、电影各方面人才都有。他们在武昌城内的昙花林安营扎寨，从编刊物、出画报、开歌咏会、组织演剧队，到民众教育、对敌宣传和国际宣传，将抗战初期的文化宣传工作开展得热火朝天，有声有色。但在实际工作中，来自国民党方面的阻力、干扰甚至破坏，也不出郭沫若所料。例如，从四月七日到十三日的"扩大宣传周"期间，许多宣传活动因台儿庄战役的捷报传来而更加鼓舞人心、轰轰烈烈，但到了最后一天作为高潮出现的十万人大游行，却被别有用心者制造的"假警报"搅乱了。

那是大游行的前一天晚上，郭沫若突然接到陈诚的"急件"，说根据情报，明日大游行将有"奸人捣乱，望兄注意"，还说他已派第二厅厅长康泽来"协助"。那时武汉三镇的民气正旺，北郊外的游行集会如期举行，一场意外的滂沱大雨都没有影响群众高涨的热情，倒是陈诚派来的康泽带着个宪兵团长一起登上主席台时，郭沫若感到"他那十分僵硬的、木偶式的步调和动态"同眼前的一切很不和谐，似乎是不祥之兆。果然，集会没多久，满天风雨之中竟拉起警报来。警报一响，宪兵团长就抢过扩音器，命令群众迅速解散，会场上的队伍完全乱了……

还有一次是由三厅主持的"献金活动"——为纪念七七抗战一周年发动的民众捐款。开始陈诚不相信老百姓会响应，坚决反对，说失败了会影响"国际观瞻"和政府形象；而当五座固定的献金台和三座流动的献金台建立起来后，献金人群从早到晚川流不息，形成"掀翻了整个武汉三镇"的"狂潮"，人数在一百万以上，擦皮鞋的孩子、黄包车夫、码头工人、老妈子，甚至连叫花子都有，献金总数也达百万元以上。这次"自发性的极其盛大的民意表现"，使郭沫若清楚地看到了人民的力量，也对国民党顽固派背离群众、害怕群众和反对群众的反动本质有了进一步的认识。

三厅的工作也是在周恩来和中共长江局的直接领导下进行的。郭沫若曾这样形容他对于"周公"的心悦诚服："他思考问题的周密有如水银泻地，处理问题的敏捷有如电火行空，而他一切都以献身的精神应付，就好像永不疲劳。"上任三厅后，郭沫若与于立群组成的新家搬到珞珈山上原武大教员宿舍区居住，同周公、邓大姐成了近邻，同真正的自家人在一起，成了郭沫若武汉时期生活中最愉快的回忆。

十月下旬，武汉形势危急，军政机关开始撤离。郭沫若是最后一批走的。走之前的那天，朱德从华北前线飞来武汉，分手十一个春秋的战友能幸会于濒临陷落的危城中，欣喜、焦急、感奋一起扑上心头。这两位本来应分属于文、武两行的大家与名将，实际上有很多共同点：四川同乡、豪放诚直、心向革命；就是在诗词文墨上，朱德将军也很有一手。因此在这次戎马倥偬中的喜相逢里，他俩边畅谈边赠诗留念。郭沫若"信笔写了几句白话诗，内容已经忘了"，倒是朱德写给他的一首题名为《重逢》的白话诗，被受赠的大诗人记录进他的抗战回忆录《洪波曲》里，使后人可以从中一瞥两位革命战友在这民族存亡之秋的风采：

> 别后十有一年，
>
> 大革命失败，东江握别，
>
> 抗日战酣，又在汉皋重见。
>
> 你自敌国来，敌情详细贡献。
>
> 我自敌后来，胜利也说不完。
>
> 敌深入我腹地，
>
> 我还须支持华北抗战，
>
> 并收复中原；
>
> 你去支持南天。
>
> 重逢又别，相见
>
> 必期在鸭绿江边。

匆匆握别在军情紧急、敌焰嚣张的江汉之滨，却乐观地预言重逢"鸭绿江边"的必胜之期，不难想象他们当年同仇敌忾、誓将强虏逐出国门的冲天豪气了。

故里来去

穿过纷飞战火，历经长沙、衡阳、桂林等地的千里跋涉，郭沫若和于立群于一九三八年年底飞抵重庆。"一别夔门二十年，鸟惊花泣恨频添"，少小离家、乡音未改的诗人，终于又见天府之乡雄奇的山川了。重庆已成"陪都"，生活与工作都非常紧张，三厅的事务、《救亡日报》的复刊、撰稿演说和各种社会活动排满了日程，但他思念老家亲人的心情也更加迫切起来。旧历年刚过，得知父亲病重的音讯，郭沫若立即请假两周，由在三厅工作的一个侄儿陪同，乘当时还少见的水上飞机返回了久违的故里。

绥山苍翠依旧，沫水涤洗风尘。使归来游子伤心的是，母亲和大哥已于七年前和两年前先后作古，他再也见不到这两位对他来说是今生最感念的亲人了。盘桓病榻的郭朝沛就要过八十六岁生日了，八儿回家也是为了给老父祝寿的，但深明大义的这位沙湾耆宿却主张国难期间一切从简，他最希望的莫过于儿孙们团聚在他的病榻前，听这个曾经最让他不放心的"八爸"讲讲抗日形势和天下大事，他就很心满意足了。老寿星的确有道又有福，他不仅在风烛残年坚持到与这个终成大器的儿子会面，还在一个月后听到了他没见过面的八儿媳为郭家生了个胖小子的喜讯。四个月后，郭朝沛撒手西归；世间所给予他的"哀荣"，远远超出了这位乡间老人生前的想象。

老人病故于七月初，早回重庆的郭沫若获悉噩耗后，即偕同夫人于立群带着出生才三个月的汉英星夜回家奔丧。由于郭沫若的声名和业绩，也由于郭朝沛在当地的声望，唁电、唁函如雪片般飞向沙湾，郭家灵堂里挂满了挽联、奠幛。毛泽东、秦邦宪、吴玉章、林伯渠、董必武、叶剑英、邓颖超等人合送的挽联是：

> 先生为有道后生，衡门潜隐，克享遐龄，明德通玄超往古
>
> 哲嗣乃文坛宗匠，戎幕奋飞，共驱日寇，丰功勒石励来兹

正在苏联治病的周恩来也送来了挽联，上面写着：

> 功在社稷，名满环区，当代文人称哲嗣
>
> 我游外邦，公归上界，遥望祖国吊英灵

朱德、彭德怀、贺龙、刘伯承等中共将领从抗日前线传来唁电、挽联，当时的国府主席林森以及冯玉祥、李宗仁、于右任、陈诚、陈立夫、何应钦、陈布雷、胡宗南、顾祝同等要人、名流也均有挽幛送来。对郭沫若素来"倚望"的蒋介石亲笔题写"德音孔昭"四字，对"膏如先生"的仙逝表示哀悼，还自编了挽联，送来仪金，可谓礼贤之至。

由于夏日洪涝、敌机轰炸、道路阻断，郭沫若这次在家乡前后逗留一百多天。他专程去乐山拜望了当年高等小学堂的业师帅平均先生。三十年不见调皮学生的帅老师，曾为郭沫若在自传体作品中对他当年兼教体操状如"日本舞俑"的讥评而动过肝火，大骂"造孽徒"，但此刻面对着这名满天下的门生跪拜弟子礼时，却赶忙上前扶起，连声说"不敢当，不敢当"。郭沫若告诉帅老师，当年经学课上的授业使学生获益匪浅，特别是老师对他怀疑"汤盘铭"文中几个古篆字的"新见"给予鼓励，极大地激发了他钻研古代文化遗产的兴趣，促进了他的独立思考和批判精神，他今天在古史和文字学方面的一点成绩，跟老师的栽培是分不开的。听了这些话，帅老师高兴得合不拢嘴。他接受了郭沫若的敦请，在祭祀郭朝沛亡灵的"三献礼"活动中担任"讲书官"，登上讲书台，向郭家子弟和亲朋乡邻宣讲孝道，滔滔不绝地说了个把钟点，为郭家撑了场面，也为自己挣足了面子。

　　郭沫若的发妻张琼华长期以来一直侍奉在郭家老人身边，恭谨贤惠，深受公婆和家人的敬重。忍受着命运不公的这位旧式女子对郭沫若的归来是十分欢迎的，她将自己的卧房让给他同于立群居住，照料非常周到，对于他们抱回家的新生儿更是"爱不释手"。大概是人性所至，小汉英也喜欢被张琼华抱。郭沫若对于她似有愧意，在第一次回家时就写了两首诗送给她，还逗趣似的说："如果日后没钱用，就拿它去换几十个大洋吧。"

　　张琼华笑笑，接受了他的好意，他们后来再没有见过面。孤寂的老人于一九八〇年病故，享年九十岁。

人民的"大笔"

从一九三九年到一九四〇年，消极抗日的国民党顽固派掀起了第一次反共高潮，由共产党人直接领导的第三厅工作及其组织和成员，受到了更多的限制、阻挠甚至打击和迫害。一九四〇年九月，国民党当局以改组政治部为名，策划将郭沫若调离第三厅，并且以蒋介石的"手谕"逼迫全厅人员加入国民党。郭沫若在干部大会上怒斥了他们的霸道，愤然辞职，许多进步人士也纷纷提出辞呈。为了拉拢这批有社会影响的文化人，不使他们离开重庆去延安，蒋介石又决定另建"文化工作委员会"，并亲自出面请郭沫若出任该委员会主任。郭沫若同周恩来商量后，觉得可以利用这个合法组织，团结进步文化界，继续开展抗日宣传活动，同国民党顽固派作斗争。

卸去厅长职务的郭沫若，将更多的时间投入了读书和写作，同时也密切关注着国内外形势的发展。一九四一年年初，震惊中外的"皖南事变"发生后，周恩来所领导的中共南方局在国统区心脏对国民党破坏团结、制造分裂的罪恶阴谋，予以针锋相对的揭露和斗争，得到社会舆论的广泛同情与支持。郭沫若曾写下《闻新四军事件书愤二首》的诗篇，对国民党屠杀新四军将士七千人、叶挺被囚、项英被害的这起"剿共"惨案,抒发出"怅望江南余隐痛,为谁三复豆萁诗"的悲愤心情。为配合这场反对国民党顽固派破坏抗日统一战线的现实斗争,他还将四年前写成的历史剧《棠棣之花》拿出来加工整理,进一步突出它"主张集合反对分裂"的主题。这出戏与五卅运动中他写的《聂嫈》取材于同样的历史故事,不同的是《棠棣之花》将主人公聂嫈、聂政姐弟的侠义行为同战国时期联合抗秦的历史背景结合起来,作出了新的演绎,诗人的生花妙笔和借古鉴今的政治内涵,使剧本具有非凡的感染力。周恩来和"文委会"的同志们都给予很高的评价。在大家的支持下,经过精心的排练,该剧作为"庆祝郭沫若五十寿辰和创作生活二十五周年"的特别节目在重庆公演,受到广大观众的热烈欢迎。

按中国人的传统算法,一九四一年十一月十六日是郭沫若的五十岁寿辰,这一年又是他从事创作活动的二十五周年。为了表彰这位热爱祖国、忠于革命、建树卓越的文艺大家,也为了发扬光大这一面中国文化界进步旗帜的影响,中共南方局在一个月前就通知成都、昆明、桂林、延安和香港等地的党组织,部署有关庆祝活动的筹备工作。在国民党统治中心的重庆,这样的庆祝就有了更为特别的意义。这天清早,《新华日报》登出了周恩来的纪念专文《我要说的话》,其中有这样一段文字:

郭沫若创作生活二十五年,也就是中国新文化运动的二十五年。鲁迅自称是"革命军中马前卒",郭沫若就是革命队伍中人。鲁迅是新文化运动的导师,郭沫若就是新文化运动的主将。鲁迅如果是将没有路的路开辟出来的先锋,郭沫若便是带着大家一道前进的向导。

这天下午,重庆文化界在中苏友好协会举办了盛大的茶会,会场设在餐厅和院子里,纷至沓来的宾客有两千余人。墙上悬挂着郭沫若和中外文豪的多幅画像,陈列着各界名流送来的寿联、贺诗,展览室里集中了郭沫若从事文艺创作和学术研究的丰硕成果:八十多种、两千多万字的译著、稿本,清楚地展示着郭沫若四分之一个世纪的辛勤耕耘和勃发才情。但最引人注目的,还是从"文化之家"的大楼檐前高挂下来的一支奇大无比的"巨笔"。这是日本进步作家鹿地亘同一批青年友人合送的寿礼,它最形象地表达了大家对这位文坛巨擘的祝福与景仰之情。在两人多高的笔杆上,还嵌有"以清妖孽"四个大字。郭沫若在同行和部下们的簇拥下,与这支大笔留下了珍贵的合影。

同一天,许多地方举行了庆祝集会。在延安,文艺工作者将《凤凰涅槃》编成大合唱演出。在桂林,田汉作词的祝寿歌由中国戏剧社合唱演出,还同时演出了杜宣以郭沫若归国参加抗战为题材的话剧。远在新加坡的老友郁达夫和胡愈之也组织了报告会。许多报刊上发表的各种纪念文章,几个月陆续不断。郭沫若在答谢延安、香港文化界的电文中,表达了他的心情:"五十之年,毫无建树,犹蒙纪念,弥深慊愧,然一息尚存,誓当为文化与革命奋斗到底。"

这次祝寿活动,显示了文化战线上团结与进步的力量。郭沫若这支真正属于中国人民解放事业的"大笔",很快又投入了新的战斗。

山城雷电颂

被老舍戏称为"五十岁的小孩"的郭沫若，一九四二年元旦刚过，就迎来了创作生涯中又一个奇迹般的"高产期"。仅仅一年多，他完成了五部大型历史剧的创作：《屈原》《虎符》《高渐离》《孔雀胆》和《南冠草》。差不多每部剧本都是在很短的时间内"妙思泉涌"，一挥而就的，《孔雀胆》只写了五天，其代表作、五幕历史剧《屈原》也只用了十天就脱稿了。但它们所取得的巨大成就和深远影响，却未可以时间来限量。像《屈原》那样的不朽之作，不仅当年久演不衰，盛况空前，就是在以后的漫长岁月里也声名远扬，成为了中国话剧舞台和现代戏剧文学史上最有生命力的一部杰作。

《屈原》剧本十一九四二年元月十一日写成后，沉浸在创作喜悦中的郭沫若，将周恩来和话剧界的一班朋友请到他天官府的家中来听他的新剧本朗读。身为历史学家和大诗人的郭沫若对屈原素有研究，他以高超的艺术手法和创造精神，将两千多年前爱国诗人、三闾大夫屈原的悲剧一生，通过一天的活动，栩栩如生地表现出来。屈原坚贞不屈、正气凛然的爱国情操和英雄形象，在当时民族解放和反法西斯战争的时代大背景下，自然有其深刻的现实意义；而更直接、更强烈的"动因"，还是"皖南事变"后国统区的"政治低气压"对郭沫若创作主题和创作激情的"催生"——他将满腔怒火，通过屈原之口喷发出来：

> 啊，这宇宙中的伟大的诗！你们风，你们雷，你们电，你们在这黑暗中咆哮着的，闪耀着的一切的一切，你们都是诗，都是音乐，都是跳舞。你们宇宙中伟大的艺人们呀，尽量发挥你们的力量吧。发泄出无边无际的怒火把这黑暗的宇宙，阴惨的宇宙，爆炸了吧！爆炸了吧！……

当郭沫若读到剧本中屈原囚禁在东皇太乙庙的这段独白时，所有聆听者的心弦都被这首堪称《屈原》主题诗的"雷电颂"深深触动了。周恩来带着笑意颔首说："屈原并没有写过这样的诗词，也不可能写得出来，这是郭老借屈原的嘴巴说出自己心中的怨愤，也表达了蒋管区广大人民的愤恨之情，是向国民党压迫人民的控诉，好得很！"

而当这部挟带着历史"风云"和时代"雷电"的剧本，于元月下旬连载于《中央日报》的副刊后，国民党宣传部副部长潘公展却十分恼怒，他看出了剧作者的春秋笔法，竟在国民党报纸上骂国民党，气得他撤销了副刊编辑孙伏园的职务。三月初，中华剧艺社开始排演《屈原》，更遭到国民党的多方阻挠，但演员们团结在周恩来、郭沫若的周围，巧妙又坚决地顶住压力，于四月三日如期在国泰影剧院上演。如此杰出的剧本，再加上强大的演员阵容——金山饰屈原、张瑞芳饰婵娟、顾而已饰楚怀王、白杨饰南后，由名导演陈鲤庭执导的这出大戏,引起观众强烈的共鸣,台上台下汇成一片激情的海洋,被当时重庆报刊称之为"空前未有的绝唱"、"中国话剧的盛事"。每次演出,剧场门口都挤满了人,许多人从成都、贵阳赶来看戏;每次演出后,在大街小巷、车站码头、校园内外,常常能听到那"爆炸了吧!爆炸了吧!"的怒吼声,真像是冲破山城如磐夜气、劈开满天阴霾的电闪雷鸣,激荡着嘉陵江上滚滚的波涛。

《屈原》演出的成功凝聚着郭沫若呕心沥血的艰辛。他亲自参加排演,为演员说戏,直到演出第二天,他还在后台同饰演婵娟的张瑞芳推敲一句台词:"宋玉,你辜负了先生的教训,你是没有骨气的文人!"总觉得这句话在台下听起来劲头不足,是否在"没有骨气"后面再加上"无耻"二字。正在一边化装的扮钓者一角儿的演员张逸生插话说:"不必,依我看只要将'你是没有骨气的文人'改成'你这没有骨气的文人'就行了。"郭沫若一听,叫张瑞芳再念,果然"这"和"是"仅一字之差,那语气就肯定得多,鄙夷、憎恨之情豁然而出。大文豪很高兴,以后见到张逸生,便尊呼他为"一字师"。

北斗照心间

　　抗战期间，郭沫若的古代历史研究也取得辉煌成就，出版了《青铜时代》《十批判书》等重要著作。其中，最有影响并对中国革命进程起过积极作用的一篇史论，是他写于一九四四年的《甲申三百年祭》。

　　公元一六四四（甲申）年三月，李自成率领的农民起义军攻占北京，崇祯帝自缢于煤山，明王朝土崩瓦解。这是中国历史上响起造反英雄们胜利凯歌的一年，同时也是记载着他们从胜利走向失败、留下了血的教训的一年。因为农民革命者犯了胜利时骄傲的错误，放松警惕，贪图享受，争权夺利，两个月后，被吴三桂引入关内的清军攻破北京。已开始内讧变质的农民政权，经受不住入侵者和封建复辟势力的夹击，很短时间内就失去了原先的战斗力和虎虎生气，终于走向末路。从此，不可一世的满清贵族在北京皇城根下，建立起长达二百六十七年的清王朝统治，直到一九一一年被辛亥革命推翻。

　　发生在三百年前风云怒卷、江山易帜的甲申之变中的故事，对于抗日战争时期的中国人民和革命政党来说，有什么值得借鉴的东西呢？这正是郭沫若在一九四四年早春的同一个"甲申年"里，面对历史之"师"所要请教、思索和回答的问题。三月十日，他将自己写出的纪念李自成起义军进京三百年的长文《甲申三百年祭》送给在重庆的董必武审阅，文章以大量史实论述了明王朝灭亡的原因，深刻总结了明末农民起义由胜转败的经验教训。三月十九日至二十二日，《新华日报》分四天连载了这篇议论风生、犀利独到的史论。不料，嗅觉过于灵敏的《中央日报》在两天以后就炮制出一篇社论《纠正一种思想》，胡说什么郭沫若的文章"鼓吹战败主义和亡国思想"，要予以"纠正"并且"毫不姑息，毫不放松"，不能让"谬种流传"，以一种愚蠢而又蛮横的"御用"姿态，拉开了反扑和打杀革命舆论的架势。

与之相反，仅隔二十天即四月十二日，毛泽东在延安高级干部会议上所做的《学习与时局》报告中盛赞《甲申三百年祭》。他说："近日我们印了郭沫若论李自成的文章，也是叫同志们引以为戒，不犯胜利时骄傲的错误。"同月十八、十九日，《解放日报》全文转载郭沫若的文章，并加编者按语，严正指出《中央日报》发起的"围攻"，无异"蚍蜉撼大树，只是增加了郭先生的文章的历史价值而已"。中共中央还决定把《甲申三百年祭》列为整风文献，供全党学习。六月七日中共中央宣传部和军委总政治部在印发此文的单行本时，发出联合通知，强调它"对我们的重大意义，就是要我们全党，首先是高级领导同志无论遇到何种有利形势与实际胜利，无论自己如何功在党国，德高望重，必须永远保持清醒的学习态度，万万不可冲昏头脑，忘其所以，重蹈李自成的覆辙"。不久，郭沫若又收到周恩来从延安托人带来的《屈原》和《甲申三百年祭》单行本。他抚摸着这两本陕北土纸印成的书，仿佛沐浴着宝塔山下的阳光，听到了延河水的歌唱，那歌声也应和着他的心声：

> 陕北陕北朋友多，
> 请君代问近何如？
> 华南也想扭秧歌。
>
> 陕北陕北太阳红，
> 拯救祖国出牢笼，
> 新天镇日漾东风。①

　　这首《陕北谣》是郭沫若一九三八年年初在广州为于立群而作，当时于立群有意去延安。六七年来的国内事态，特别是对《屈原》和《甲申三百年祭》的两种截然不同的反应，使郭沫若对延安的感情更深了。他还想到今年春天，中共中央派刘白羽、何其芳来重庆向大后方的进步文艺界人士传达毛泽东《在延安文艺座谈会上的讲话》精神的事。两位传达者遵照周恩来的嘱咐，首先登门征求他的意见，向他介绍有关情况，并请他主持座谈会。党中央领导同志的信任和毛泽东关于文艺问题的精辟见解，使他受到很大的鼓舞，对今后的斗争和前进方向有了更明确的认识和更坚定的信心，他曾笑着对远道来访的刘、何两位说："人们说我这里是重庆的小延安呢！"此刻，手中新书的马兰纸页上，正飘溢出来自延安的油墨清香，令人

---

① 诗共五节，这里只引两节。原载郭沫若诗集《汐集》。

如沐春风、如见故人，郭沫若拿起笔来，给毛泽东、周恩来和好些延安的朋友写信，他有多少心里话要向自家人倾诉啊。

同年十一月二十一日，百忙中的毛泽东给他写了亲笔信。在这封可谓情真意切的"致敬函"中，毛泽东高度评价了郭沫若的史学研究工作，充分显示出这位身居窑洞的革命领袖虚怀若谷和"永远保持清醒的学习态度"，对郭沫若的敬重与倚望也溢于言表：

> ……武昌分手后，成天在工作堆里，没有读书钻研机会，故对于你的成就，觉得羡慕。你的《甲申三百年祭》，我们把它当作整风文件看待。小胜即骄傲，大胜更骄傲，一次又一次吃亏，如何避免此种毛病，实在值得注意……最近看了你的《反正前后》，和我那时在湖南经历的，几乎一模一样，不成熟的资产阶级革命，那样的结局是不可避免的。此次抗日战争应该是成熟了的罢，国际条件是好的，国内靠我们努力。我虽然就就业业，生怕出岔子；但说不定岔子从什么地方跑来；你看到什么，希望随时示知。你的史论、史剧有大益于中国人民，只嫌其少，不嫌其多，精神决不会白费的，希望继续努力……

由于郭沫若的文化学术成就在国内外的影响，一九四五年六月苏联科学院成立二百二十周年，邀请他参加纪念活动。郭沫若满怀兴奋和多年来的向往之情，经过长途跋涉，于六月二十五日飞抵莫斯科。他在苏联科学院历史研究所等单位作了《战时中国的历史研究》《战时中国的文艺活动》等报告，还和许多苏联同行会晤、亲切交谈。苏联科学院东方学院院长司徒鲁威一见面就对他说道："中国的古代，以前都蒙在迷雾里面，经过你的研究，把那些迷雾扫清了。我们很高兴，人类社会发展的历程，没有一个民族是例外。"郭沫若知道说话者也是一位研究奴隶制的专家，自己对中国古代社会史的研究成果，几乎都为他所熟悉，因此诚恳地表示自己是抱着唐僧上西天取经的目的而来，一定要将苏联同行的先进经验带回中国去。

　　郭沫若参加了在克里姆林宫举行的盛大国宴。在聚满各国来宾的金碧辉煌的殿堂里，他见到了身穿元帅服、须发都已灰白的斯大林，以及加里宁、莫洛托夫等，苏联领导人沉稳踏实的作风给他留下很深的印象。郭沫若还去列宁格勒、斯大林格勒、塔什干等地参观，刚刚战胜了德国法西斯的苏联大地上，处处呈现出一派欣欣向荣的景象。他从苏联社会主义建设所取得的成就中受到鼓舞和激励，时时想到仍在艰苦战斗着的祖国。在斯大林格勒城外的伏尔加河上，当陪同者问他"是扬子江大，还是伏尔加大"时，郭沫若回答："伏尔加不算小，但还不能同我们的扬子江相比。"对方不免有些失望，这倒勾起了诗人的乡愁。汽船送他们上岸，大家又解衣下水畅游，林中酒宴后已夜色迷茫，归舟上的郭沫若却荡入了诗境：

　　　绛黄的流水在我眼前浩浩荡荡，
　　　成阵的红霞不断的演变在天上，
　　　我仿佛是回到了我自己的故乡。

亲爱的，你是伏尔加？你还是长江？

清快的，你是伏特加？你还是高粱？ ①

诗人没有醉，他清醒地意识到自己肩上的责任。原来打算在苏联多住些时间，再到欧美去游历一番，但回到莫斯科不久，就不断得到远东战场的消息，美国在广岛和长崎投掷原子弹，苏联红军对日宣战，这一切都催促着郭沫若的归心。临行前，苏联对外文协举行告别宴，许多作家、学者前来送行，爱伦堡的话最令他难忘。爱伦堡说郭沫若是中国的浪漫派，浪漫派是永远年轻的，他要赞美中国的青春和郭沫若的青春。

郭沫若激动地答谢说："中国在全世界的独立国家中是最年老的一个，也是最年轻的一个。自己在中国现代作家中是最年老的一个，也是最年轻的一个。我们是处在方生方死之间，但我们决不让死的老是拖着活的。我们要使方死的迅速死去，方生的蓬勃成长。苏联和苏联作家是我们的模范，希望以兄弟的情谊，永远缔结着我们的文化联盟。"

结束了在苏联的五十天访问，郭沫若于八月二十日回到重庆时，抗战胜利的鞭炮声已响彻了长城内外。

---

① 全诗共五节，原载郭沫若诗集《汐集》。

迎接黎明

抗战胜利后的中国，并没有迎来"太平盛世"。一九四五年秋天国共两党的《双十协定》刚刚签订，墨迹未干，蒋介石就迫不及待地指令国民党军队进犯解放区，挑起了反革命、反人民的战火；同时在国统区内更加实行法西斯统治，残酷镇压人民群众的爱国民主运动。十二月一日，国民党军警特务在昆明街头袭击和杀害游行示威的青年学生，制造了震惊全国的"一二·一"惨案，激起了社会各界的公愤。几天以后，重庆举行了追悼死难烈士的群众大会，郭沫若同沈钧儒、柳亚子、史良等被推选为主祭人。他以一篇满怀悲愤的哀辞，痛悼甘洒热血"为民榜样"的昆明四烈士，怒斥了"屠民以逞、弹压是倡"的国民党当局。

迫于军事进攻受阻和国内舆论的压力，蒋介石继续玩弄"停战和谈"的花招，并于一九四六年年初在重庆召开了"政治协商会议"。郭沫若作为无党派社会贤达的代表参加了这次商讨"国是"的重要会议，会议期间，他同中共和各民主党派的代表站在一道，跟国民党反动派进行了坚决的斗争，亲自参与了大会通过的《和平建国纲领》的起草。会议的圆满结束，有如早春的天气给人民大众带来了新的盼望，却遭到反动分子的忌恨、敌视与破坏。二月十日重庆各界在较场口举行庆祝政协成立大会，当郭沫若同李公朴、章乃器、马寅初等主席团成员纷纷登台时，埋伏在主席台下的一群歪戴着帽子、穿黑大衣的歹徒、打手，竟手持棍棒、石头，突然蹿上台来。这群暴徒一面抢话筒、狂呼乱喊，自封"代表民意"捣乱会议秩序，一面揪住大会主持人李公朴和其他几位政协代表，拳打脚踢、挥棒砸石头，将李公朴等打得头破血流。站在主席台上的郭沫若赶紧上前阻拦，跟行凶者讲理，结果也遭到他们的毒打，眼镜落地，人也被打倒，胸口还被一个歹徒狠狠踩了一脚。

这就是二十世纪四十年代国统区民主运动史上有名的"较场口血案"。由国民党特务一手导演的这幕践踏民主、破坏政治协商的丑剧，只能进一步暴露独夫民贼两面派的嘴脸，丝毫也不能阻挡和逆转已经开始了的"历史的大转变"。当朋友们携着鲜花、水果，络绎不绝地来看望被殴致伤的郭沫若时，他风趣地说："别人发了抗战财、胜利财、接收财，而我却发了'挨打财'。"他还在后来撰写的文章中说，自以为高明的反动派，实际上是"把铁打成了钢，把泛泛的朋友打成患难之交了"。对于早就将自己的一切都交给了中国人民解放事业的民主斗士郭沫若来说，早春二月较场口的这段受伤经历，成了他在"陪都"重庆所度过的最后一场"严寒"的纪念。

一九四六年五月初，国民党政府还都南京后，郭沫若携眷由重庆飞到了上海。当时内战危机已日益严重，六月中旬他以第三方面代表的身份前往南京，参加促进国共和平谈判的活动。扬子江边满目疮痍的金陵古城同眼下的时局一样，在郭沫若看来，就像是一篇凋敝已久又漫无头绪的"粗杂的草稿"。

由于"专爱讲体统的先生们把所有的兴趣都集中在内战的赌博上，而让这篇粗杂的草稿老是不成体统"了。

　　街头横行霸道的美国宪兵车，更让郭沫若切身体会到插手中国内战、当蒋介石后台的美国佬的"威风"，甚至使他产生了"疑在马尼拉"的感觉：自恃强大的金元帝国不就是要把偌大的神州变成它的"跑马场"吗？因此，在中山陵敬谒中山先生陵寝时，他想到红场上"与人民生活打成一片的"的列宁墓，不明白作为陵墓形状的"自由钟"为什么会是"钟口朝天"而不是向下，其实他的这一"疑问"是针对口口声声"继承国父衣钵"的蒋介石一伙发出的，指的是他们高高在上，将"民国"变成了"党国"。在鸡鸣寺，郭沫若为国家的和平前途而求签，求得签文："衣冠重整旧家风，道是无功却有功。除却眼前荆棘碍，三人共议事和同。"这切合时事又蕴含禅机的妙语，很快就被新闻记者"炒"成了热门话题，然而南京政治舞台上的"和谈"僵局，由于中外反动派的勾结和阻挠，丝毫没有松动的迹象。

　　在南京，吸引着郭沫若全身心、真正让他看到了希望之春的所在是有的。那就是"从国府门前经过再往东走"，一个为"狼犬那样的眼睛、眼睛、眼睛"包围的地方。它有一个"大有诗的意味"的名字："梅园新村三十号"，但人们更爱叫它"周公馆"。用诗人的话来说，"应该是这儿的一座绿洲了"——因为这里是中共代表团的驻地，"户主"就是代表团的团长周恩来。①

---

① 本节引文，均见郭沫若《南京印象》一书。

郭沫若将他在梅园新村三十号的访问观感写成专文，收入同年十一月出版的文集《南京印象》里。这篇《梅园新村之行》留下了周恩来风采照人的革命家形象，也铭记着峥嵘岁月里这两位战友之间风雨同舟、肝胆相照的深厚友谊。连周公馆会客厅里的一碗雨花石，都在大文豪的笔下放射出异彩，被写进了广为传诵的警句。郭文中是这样提到为周恩来和邓颖超夫妇所喜爱的雨花石的，说那粒粒晶莹斑斓的石子"宁静，明朗，坚实，无我，似乎也就象征着主人的精神"。

蒋介石倚仗着他的美式装备和八百万大军，终于彻底撕毁《停战协议》和《政协决议》，又大规模地向解放区发动进攻，将中国人民再次推进内战的血海，蒋管区内的法西斯专政也变本加厉。郭沫若在南京的一周间，就发生了国民党特务暴徒殴打上海人民赴南京和平请愿团代表的"下关惨案"；七月里，又相继传来民盟领袖李公朴、闻一多在昆明被国民党特务暗杀的消息。

面对着"零下二十五度的政治冬季"，郭沫若像严寒中挺立的巍巍雪松一样，勇敢顽强地同反动派进行着坚决的斗争。在自六月底回到上海后的一年多里，他除了撰写、编辑许多文学作品外，还发表了大量的杂文和政论，为团结进步力量、动员教育群众和孤立打击敌人，起到了很大的作用。这一切自然也使反动派切齿痛恨，一九四七年十一月中旬，上海党组织为了保护郭沫若的安全，派专人护送他一家离沪去香港。

在港逗留的一年中，郭沫若密切注视着人民解放战争局势的发展，积极配合党组织，为团结广大民主人士和爱国侨胞、建立更广泛的爱国民主统一战线做了许多工作。他还担任着领导中华文协香港分会的工作，积极撰文和组织活动，向香港读者和观众推荐、介绍来自解放区的文艺作品，如赵树理的小说《小二黑结婚》及根据它改编的话剧、贺敬之等人的新歌剧《白毛女》等。随着国民党军队的节节败退，人民革命胜利的日子即将到来，中共中央在一九四八年五月提出迅速召开没有反动分子参加的新政协会议的倡议，郭沫若同在港的李济深、何香凝等立即致电表示响应。在五月端午的"诗人节"聚会上，他还领衔同与会者联名发表《我们的话》，为"全国范围的革命胜利就要到来，在亚洲大陆上，一个新的中国就要诞生"而欢呼，表示要"在这大风暴的日子，大解放的黎明，作为一个诗人，他不仅要带着他的歌唱来参加人民革命的行列，更要带着他为人民服务的点滴实际工作，来共同创造人民大解放的史诗"。

在这段迎接黎明的日子里，他还将抗战时期的文学自传整理出来，在夏衍主编的《华商报》副刊连载，定名为《抗战回忆录》（后改名《洪波曲》）。回忆录中这位文坛巨子的八年悲欢和人生曲折，吸引和感动了海内外的无数读者，也引起了自一九三七年那个难忘的夏日丈夫出走后，一直在思念、牵挂和追踪着他的日本妻子安娜的注意。此刻的安娜已经带着两个孩子离开日本到了台湾，他们从报上看到亲人的名字，得知他的最近行踪，连忙渡海，前往香港。

当两鬓微霜的安娜，同长成了大姑娘的幼女淑子、个子比父亲还高的长男和生，一起风尘仆仆地出现在郭沫若香港寓所里的时候，为中日战争所分隔和撕裂了的这个"跨国家庭"已经永远无法弥合了！摆在眼前的事实是郭沫若、于立群和他俩

所生的五个孩子组成的新家庭。伤心、激动和同情的泪水顺着
所有在场者的脸颊流了下来，但掬香江之波、倾东海之水也不
能洗净这个原名佐藤富子、后被郭沫若叫作安娜的日本女人的
悲哀了。十一年来，她每晚都做着相同的团聚的梦。丈夫出走
后，日本宪警抓她、打她、关押她，都没有使她屈服；漫长的
战争中，被自己的同胞当作日奸、叛徒、间谍的歧视和怀疑，
给她一个女人拉扯同样五个孩子的艰辛岁月，又增添了多少难
言的凄苦！出身于教会学校也信奉基督的安娜，在前来看望她
的冯乃超等友人的劝慰下，没有久留，她接受了命运的安排，
在香港住了一段时日后，党组织派人送他们到了解放区。新中
国没有忘记她和她的孩子们，一九四九年年初安娜到北京时，
百忙中的周恩来还抽空亲自去她的住处看望，为她的孩子安排
工作；全国解放后，安娜随和生在大连定居。

郭沫若当然也在忍受着内心的煎熬。为了民族大义他才毁
家纾难，回国后当他听说安娜被捕挨打，曾通过当时中国驻日
大使与日方交涉，请求他们放安娜和孩子们回中国，但日方竟
以安娜"是日本臣民，且有间谍嫌疑"而横加阻挠。面对着今
天的安娜和孩子，悲喜和愧意交集在他的心头。但比起郁达夫
一家来，他们还算是幸运的，毕竟在战后相会了；而达夫呢，
在日寇溃逃前夜竟被敌人杀害于南洋，这位风流倜傥、才华横
溢的老友再也回不到他的身边来了。

郭沫若没有更多地沉浸在个人和家庭的情感漩涡里，新的
斗争、新的任务仍在召唤着他。一九四八年十一月二十三日
夜，为迎接和筹备新政协会议的召开，郭沫若同翦伯赞、马叙
伦等一批知名人士由香港北上。他们先从海路抵安东，再由陆

路到沈阳，在东北解放区受到人民政权的热烈欢迎。一九四九年二月二十五日，郭沫若一行抵达北平。

上个月底才宣告和平解放的北平，也早已不再是旧时容貌了。从关外一路南下的郭沫若，深为沿途所见解放区明朗的天空、人民翻身做主人的新生活、新气象而欢欣鼓舞。在火车上，他就情不自禁地以诗抒怀：

> 多少人民血，换来此尊荣。
> 思之泪欲坠，欢笑不成声。

亲身经历过辛亥革命、北伐战争、抗日战争和解放战争，从青少年时代起就怀着《炉中煤》①那样热烈的眷恋祖国的情绪，希望和她一起"重见天光"的郭沫若，终于又踏进了眼前这座同样历尽了沧桑又获得新生的东方文化古都、"五四"之城、青春之城，内心的激动和感慨，自然是非同寻常的。他像一个全身心投入新中国大厦建设工程而不辞辛劳的工匠，终于迎来了建造"理想蚁塔"的良辰。他不停地忙碌起来，参加各种会议和活动，在文化界、教育界和广大民主人士中间，高高地举起了拥护共产党、创立新政权的进步旗帜。

一九四九年三月十五日，在北平西苑机场，郭沫若站在欢迎群众的队伍里，迎接毛泽东、周恩来、朱德、刘少奇、任弼时、林伯渠等中共领导人的到来。当身穿翻领军大衣的毛泽东同郭沫若握手时，他那洪亮浓重的湘潭口音已不是当年广州初

---

① 诗集《女神》中的著名诗作。

会时的"男低音"了，即使在周围人群的欢呼声中，耳背的郭沫若也听得清楚，是在说"郭先生你人瘦了，但精神特别好"。他们上次见面是四年前在重庆，郭沫若也曾去机场迎接来渝同蒋介石谈判的毛泽东。毛泽东在重庆的四十多天里跟郭沫若有过多次会晤交谈，当郭沫若看到毛泽东用的是一只旧怀表时，遂将自己腕上的手表摘下来赠送给他。现在毛泽东手腕上戴的正是郭沫若送的表，更难得的是，这一记录着历史转变期分分秒秒和情深谊长的计时器，不但见证过人民领袖在开国大典上宣告"中国人民从此站起来了"那个庄严的时刻，而且陪伴了他的后半生，晚年的毛泽东也没有忘记对人提起，他的手表是郭老送的。

这个伟大的日子越来越临近了。六月十五日召开的新政协筹备会议上，郭沫若被选为筹备委员会常务委员会副主任。七月二日召开的中华全国文学艺术界代表大会上，他被选为全国文联主席。九月二十一日，中国人民政治协商会议在北京怀仁堂隆重开幕，郭沫若在这次具有重大历史意义的会议上，宣读了由他负责起草的大会宣言，人民的"大笔"为中华民族的新生与复兴写下了历史的篇章。也是在这次首届政协会议上，他被选举为全国政协副主席。

十月一日，他作为地球上人口最多、最古老也最年轻的国家新政权的领导人之一，登上了天安门城楼，度过了普天同庆中华人民共和国诞生的辉煌时刻。郭沫若戴着耳机昂首站在这沐浴着新中国阳光的红色城楼上，望着第一面五星红旗的冉冉升起，天安门广场上的人海、旗海、花海……他默默吟哦着一首刚写成的新作《新华颂》，脑际掠过了一对对从烈火中飞腾起来的五彩云霞般的羽翼。是的，那是《凤凰涅槃》中的凤与凰，古老东方和永恒青春的象征；那是他心中的诗，生命中不朽的歌。

为新中国而歌

　　新中国建立后，郭沫若即被任命为中央人民政府委员、政务院副总理、文化教育委员会主任、科学院院长；此外，他还担任着全国政协副主席、文联主席、民间文艺研究会理事长、文字改革协会常务理事等许多职务，自一九五四年实行人民代表大会制后，他又长期担任全国人大常务委员会副委员长。在繁忙的政务、公务和社会活动中，这位中国二十世纪新诗的奠基人仍未忘情于诗歌，而是把诗的音符和旋律，带进他足迹所到之处，为礼赞新时代、歌唱新中国、推动社会主义革命和建设事业，留下比他前半生数量多得多的诗作。就诗集而言，郭沫若解放后结集出版的有《新华颂》《长春集》《骆驼集》《百花齐放》《东风集》《潮汐集》和《沫若诗词选》等多种；就诗歌的体裁和题材而言，不但表现的生活面比过去广阔得多，而且旧体诗、歌词也明显增加。在他大量的诗歌创作中，流传很广、当时产生了很大影响的作品是不少的，如开国大典当天发表于《人民日报》的《新华颂》、一九五○年写成并被谱曲的《中国少年儿童队队歌》、一九五二年创作经贺绿汀之手编成著名歌曲的《毛泽东的旗帜高高飘扬》。对中国共产党及其领袖毛泽东的由衷赞颂，在郭沫若的笔下占了相当比重，堪称代表作的是这首《题毛主席在飞机中工作的摄影》，只有不长的八行：

在一万公尺的高空，
在图104的飞机之上，
难怪阳光是加倍地明亮，
机内和机外有着两个太阳。

不倦的精神呵，崇高的思想，
凝成了交响曲的乐章；
像静穆的崇山峻岭，
像浩渺无际的重洋。

来自人民群众的英雄形象、工农业战线的生产喜讯、民族团结和锦绣山河，也成了诗人经常讴歌的主题，如曾收入中学语文课本的《武汉长江大桥》等，在当时的确起过积极的宣传作用。此外，还有配合各种政治运动和社会活动的"表态诗"、"应制诗"，这些部分或完全背离了诗的精神的"急就章"，并没有给新诗坛留下值得纪念的珍品，反而使诗人的声名受到了不小的牵累。在当时民间就流传过这样的"文坛掌故"，说某位小诗人向老诗人郭沫若挑战，写信批评他"郭老不服老，诗多好的少"；郭沫若看了，虚心接受了他的批评，还加了两句诗"与小诗人共勉"，这两句诗是："大家齐努力，学习毛主席。"

而在另一些并非为"赶任务"而写的新诗里，诗人真实的面容和磊落的情怀，还是得到了较好的表现，使我们看到了与早期郭沫若新诗一脉相承而又有所变化的清朗诗风。例如写于一九五六年的《郊原的青草》和《骆驼》，诗人热情地歌唱了"生生不息，青了又青"、"你是和平，你也哺育着和平，／你使大地绿化，柔和生命的歌声"的原上草，以及像"星际火箭"、"有生命的导弹"，"给予了旅行者／以天样的大胆"的"沙漠之舟"骆驼。这些形象鲜活、语言清新的抒情诗，可谓郭沫若后期新诗中少见的佳作，对于一个早过花甲之年的诗人来说，尤其难得。

郭沫若对中国文化和革命事业的突出贡献，赢得了党和人民的敬重，在国际上也享有很高的声誉。早在一九四九年三、四月间，初到北平的郭沫若就曾率领中国代表团去巴黎出席世界和平大会。新中国成立后，他先后被推选为中国保卫世界和平大会全国委员会主席、中苏友协副会长、抗美援朝总会主席、对外文化协会理事、中日友协名誉会长，出国访问和接待来访活动更加频繁。他在维护世界和平、加强国际交流合作、推进民间友谊以及树立新中国的外交形象方面，不遗余力，功勋卓著。

仅在二十世纪五十年代，郭沫若参加的世界和平会议就有十八次之多，从华沙、维也纳、斯德哥尔摩到赫尔辛基、新德里、科伦坡，他不辞劳顿的身影在欧亚大陆匆匆来去，他代表中国人民呼吁和平、反对侵略的正义呼声，响彻世界的各个角落。他与许多国家的杰出人物结下深厚友谊，如世界和平理事会主席、法国科学家约里奥·居里，苏联作协主席法捷耶夫等。由于对世界和平事业的贡献，郭沫若获得一九五一年度

"加强国际和平斯大林奖金"，他将所获的十万卢布奖金，全部捐赠给中国人民保卫世界和平大会全国委员会，支援抗美援朝。在一九五五年七月的赫尔辛基会议上，他当选为世界和平理事会副主席。

一九五五年十一月，郭沫若应日本学术会议的邀请，率领中国访日科学代表团前往东京等地访问。这是他离别十八年后第一次踏上樱花之国的土地。"一终天地改，我如新少年"，郭沫若一行受到日本同行和人民群众的热情欢迎。在东京，日中文化研究所拟为郭沫若所赠送的他旅日时代的文献资料专门开辟"沫若文库"，郭沫若参观后建议该所将文库计划扩大范围，后来主人接受此提议建立了"亚非图书馆"。在与东京一水之隔的千叶市镇，郭沫若又回到了他羁旅十年的旧地，当年的邻居们都跑来与他欢聚。郭沫若抚摸着旧日庭院中他亲手栽种、现已长成大树的那株广玉兰，感慨万千，仿佛十八年前的一切还在他眼前放映：安娜辛勤忙碌的身影，孩子们嬉戏打闹的叫声，刑士和宪兵的光顾，以及他出走时贴上墙壁的"勤勉"二字的留言……倏忽间又全都不见了。邻里们的问候和谈笑中，有一位白发老者打开手中的一个包裹，取出一方砚台给郭沫若看，问他还记得它吗？郭沫若摩挲着这方古砚似的"文物"，才发现它上面竟有自己当年镌刻的铭文：

　　后此一百年
　　四倍秦汉砖

好大的口气！这就是当年的"我"吗？郭沫若已想不起这

"文物"的出来了，只见老人说："请允许我将它作为'传家之宝'世世代代保存下去，好吗？"郭沫若连连点头，向老人家表示感谢，说他也为中日友好留下了珍贵的纪念。

在这次访问中，他还去了博多湾上的十里松原、房州海域的宫岛等旧游之地，那里映照着青年时代的他、《女神》时代的"她"！《凤凰涅槃》的后半篇，就是他伏在博多湾渔村小屋里枕着窗外潮声半夜挥就的；十里松原的苍翠幽深，曾生发过他多少绵延在碧海青天间的悠长诗思啊……可今日，十里松原上的古松已近绝灭，绿意所剩无几。日本朋友告诉他，这些古松大都毁于战争期间。郭沫若不禁想起他两年前在柏林参加世界和平理事会特别会议期间所看到的一棵枝叶茂盛的小树。它生长在柏林旧总统府的一个战时碉堡的废墟旁，初夏的阳光下蓬勃着一片沁人的绿荫；而那里正是二战罪魁希特勒的葬身之所，因此敏感的东方诗人、和平使节郭沫若，在那棵不平常的小树下摄影留念，并以胜利者的豪情题写了一首小诗：

> 希特拉死亡处的一个碉堡，
> 已经长出了一株小树把它笼罩。
> 这是和平战胜了武力的象征，
> 我感觉着这是一首诗料。

在郭沫若为和平与友谊而奔走的万里旅程上，还留下了不少诗句和佳话。其中广为传诵、诗人自己也很珍视的，是一九五四年他在黑海边结识了四岁的格鲁吉亚小姑娘玛娜娜后所做。这位"可爱的小妞妞"因为喜爱郭沫若的诗而走了很远的路来看望他，等了三个小时才见到，还赠送给他一朵红蔷薇和一枚鹦鹉螺，老诗人愉快地收下礼物，同她合影留念并写下了一首两百多行的儿童诗《玛娜娜》。

百花与园丁

　　作为全国文联主席、主管文化教育工作的领导者，郭沫若对毛泽东为繁荣社会主义文化科学事业于一九五六年提出的"百花齐放，百家争鸣"方针，是衷心拥护、积极贯彻的。一九五八年的"大跃进"中，他还身体力行，写了风行一时的系列诗《百花齐放》，这些连载于《人民日报》后来又结集出版的"百花"诗，表现了诗人广博的知识、高涨的政治热情和一颗受制于时代、勉强"硬作"而难以超越的诗心。诗中掺和了许多标语口号而冲淡了诗意，但在总体构思上仍有特色，尤其是诗人为一百种花写了百首诗后还写了第一百零一首诗，并在《后记》中声称他"喜欢一零一这个数字，因为它似乎象征着一元复始，万象更新。这里有'既济、未济'的味道，完了又没有完"因而给读者以深长的回味。这首"一零一"题为《其他一切花》，诗是这样写的：

　　　　旧式的诗句："花如解语还多事"，
　　　　咱们今天都成了多事的花花。
　　　　一百张花的大字报怕有人嫌多，
　　　　咱们只想鼓足干劲，不想再多话。

> 大字报中有好几处提到了诗人，
> 遵守的方针是要团结，也要批评。
> 希望新旧的诗人们都不要多心，
> 手携手地力争上游，不断地革命。

　　然而，春天的"百花"故事，并不像诗人写的这样轻松；历史的步履维艰，"双百"方针的执行，在那些政治运动频繁、阶级斗争扩大化的年月里，不断受到严重的干扰和阻碍。香花被批判为毒草，朋友被当成敌人，郭沫若出于对领袖的信仰和自身难以摆脱的某些偏激和狭隘性，在"文革"前政治思想文化领域内的历次运动中，总是紧跟形势、积极表态，继续做"党的喇叭"。因此，当某个时期的政策导向出现明显的偏颇时，他"趋时"的文字和言论也产生了不好的影响。连他同周扬合编的"大跃进"民歌选《红旗歌谣》也不例外，除了少数篇章尚有可取之处，多数只能是政治狂热综合征的"标本"了。

　　郭沫若在解放后文学创作的最大成就，还是在历史剧方面。一九五九年春节前后，他陪同外宾去广州参观，南国花城的融融春风中，久蓄在心头的一个创作凤愿强烈地萌动了——这就是后来脍炙人口的五幕历史剧《蔡文姬》。年近古稀的大文豪仅仅用了七天时间就完成了初稿，又恢复了他那漫长的创作生命中曾多次"井喷"的最佳状态，可以说是文学史上的一项"奇迹"。此剧初稿，征求了老友田汉、阳翰笙、周扬等人的意见后，经修改于同年发表、出版，并由北京人民艺术剧院搬上舞台。由名导演焦菊隐执导，名演员朱琳饰蔡文姬、刁光覃饰曹操的这出大戏的上演，轰动首都剧坛，好评如潮，久演不衰，成为新中国话剧舞台上的空前盛事。

蔡文姬是东汉史学家蔡邕的女儿，中国历史上著名的才女。她在汉末大乱中流落匈奴十二年，做了匈奴首领左贤王的妻子，生有一子一女。曹操在统一了中国北方以后，为了力修文治，派专使以重金赎回文姬，让她继承父志参与《续汉书》的撰述。郭沫若曾声明他以文姬归汉的故事创作历史剧，目的在于"为曹操翻案"，从剧中主人公命运变化的生动侧面，反映曹操的贤明和治国雄才；同时他也曾感慨道："蔡文姬就是我。"他将自己的生活经历和思想感情写到历史剧里去了。当郭沫若坐在剧场观看演出时，第三幕中蔡文姬归汉后思念留在南匈奴的儿女有一段独白，说到"我一听见小孩儿的声音，就好像他们的声音。我一看见别人的小孩儿，就好像他们来到我的眼前……"，忍不住的泪水挂满了剧作家的脸颊，他也被自己笔下倾诉的真情深深打动了。

继《蔡文姬》之后，郭沫若还创作了五幕历史剧《武则天》和电影文学剧本《郑成功》。他的史学研究在新中国建立后，也有了更大的进展和重要的突破。他在二十世纪五十年代初出版的《奴隶制时代》一书中，对中国古代社会的历史分期重新考订，更改了自己过去研究中的某些结论，将奴隶制时代的下限定在春秋战国之交，这一重要的学术观点已被史学界普遍接受。其他如替曹操、武则天、秦始皇等历史人物"翻案"的文章也产生了很大影响。作为中国科学院院长、中国科技大学校长，郭沫若为发展我国科技事业、培养科技人才作出了重要贡献。在推动文字改革和我国文物、考古工作方面，这位古文字学家、古文物研究家也发挥了重要作用。例如我国报刊书籍现行的汉字左起横排、横写的规定，就是在他的大力倡议下于二十世纪五十年代实现的。

一九五八年十二月二十七日的《人民日报》上，报道了郭沫若与李四光、钱学森等人加入中国共产党的消息。这条很短的新闻，在知识分子和青年群众中反响很大，不胫而走；在郭沫若本人的心里，也回荡起悠远而壮阔的波澜。

几天以后，当他接受《中国青年报》记者采访时，曾这样讲述了自己的入党感受："近几年来，我内心里有件很遗憾的事，就是有些青少年朋友在说：'郭沫若也没有入党，我何必要争取入团？'他们以为不加入共青团和共产党，是无关紧要的事情。这些青少年朋友当然无从知道，做一个共产党员在我是长久以来的最大愿望……现在党批准了我入党，我为自己庆幸，也为一部分青少年同志解除了误会而庆幸。"他还热切地表示："作为无产阶级先锋队的一员，我要同千百万党员一道，在党的领导下全心全意地为人民服务，为建设社会主义服务。我要为党的最高理想——建设共产主义贡献出毕生的力量。"

许多文化界的朋友闻讯后向他表示祝贺，无数崇敬他的青少年更从四面八方写信给他，捎来了一颗颗火热的心。他给一位叫陈明远的经常向他请教的学生回信说：入党后的他觉得自己像一个新生的婴儿，充满了创造的激情，要永远保持青春的活力，长征不会有歇脚的一天！

然而由此产生的"党龄问题"并未解决。长期以来，人们都以为北伐时期曾经加入共产党的郭沫若于一九二八年亡命海外后"自动脱党"，直到一九六九年出席党的"九大"时，他身边工作人员为他草填的履历表上，入党时间一栏内，仍写着"脱党"二字，似乎明白无误地确证着这一事实。郭沫若生前对此没有留下任何说明，对子女和外界有关的疑问，他一律泰然处之。郭沫若的女儿，一九四六年出生在上海的郭平英在一篇回忆文章里记下一个耐人寻味的场面。那是她上小学时，在北京前海西街十八号家中客厅里的一段对话：①

"我爸爸为什么不是党员？"说这话的是她的姐姐、比她大四岁的庶英。已是中学生的庶英，在向家中的座上客、父亲的同乡和同行、声名赫赫的元帅诗人陈毅发问，好像爸爸的入党问题该由他负责似的。

元帅的答案是可以想象也大有深意的："他不是党员，可是他的作用比许多党员的作用还大哟。我年轻的时候出来革命，就是因为读了他的东西。"

"那为什么现在还不入党？"中学生穷追不舍。

……

"现在"终于成为过去，郭沫若入党了。但对他的"党龄"和"脱党问题"的解释，仍然困扰着他身边和身后的人们，一直拖到当事人"盖棺论定"才算有了"说法"。关于党龄，郭沫若一九七八年逝世后，邓小平所作的悼词就清楚地说到"一九二七年参加南昌起义，同年八月加入中国共产党"而不再提后来的"重新入党"。一九八六年，中共中央组织部在回答郭沫若著作编辑出版委员会有关提问时，更作了如下具体和权威性的批复：

> 作者（指郭沫若——引者按）于一九二七年八月参加南昌起义时加入中国共产党。翌年经组织同意，旅居日本，继续为党工作。抗战时期归国后，即恢复了组织关系，在周恩来同志的直接领导下，以无党派民主人士的身份，从事抗日救亡运动和民主革命运动。一九五八年以重新入党的形式，公开共产党员身份。

这就可以说明"脱党问题"的真相了。郭平英还在同一篇文章中引用阳翰笙的回忆补充说：郭沫若、田汉和他本人在"三厅时期"就是"三个特殊党员"，郭沫若的党员关系在周恩来手里，他们三人的党费直接交给党中央，"你们父亲是用K字做代号的，他的党费交得比我们都多"。[①]

郭沫若用自己的毕生奋斗和无私奉献，实践着他的入党誓言。他无愧于"无产阶级先锋队员"这个光荣称号，"重新入党"以后的经历，也同样作出了生动的证明。

---

① 均引自郭平英的《一个共产党员的泰然》（原载《郭沫若百年诞辰纪念论文集》）。本节内容，多处参考了此文。

"火烧"自己

　　从二十世纪六十年代初起，国内政治气候逐步升温。一九六三年年初和一九六四年年中，毛泽东两次关于文艺问题的批示都非常严厉，说"许多共产党人热心提倡封建主义和资本主义的艺术，岂非咄咄怪事"，并批评全国文联和各协会"最近几年，竟然跌到了修正主义边缘。如不认真改造，势必将来某一天，要变成匈牙利裴多菲俱乐部那样的团体"。可以说，一把批判"封资修"的斗争之火，已经烧到了文艺界的家门口了。一九六五年十一月，姚文元的《评新编历史剧〈海瑞罢官〉》在上海《文汇报》发表后，京城上空更加彤云密布、朔风四起。二十天后，《人民日报》转载该文的编者按语中，连珠炮般地点了田汉的《谢瑶环》、夏衍的《赛金花》、电影《兵临城下》等一系列"毒草"……身为文联主席、向来甘当"党喇叭"的郭沫若，在这样一场极有来头、愈刮愈猛烈的"红色风暴"中也不能安生了。

　　还是一九五〇年的事，郭沫若曾应人之邀为《武训画传》题签书名又题词，他赞扬"在吮吸别人的血养肥自己的旧社会，武训的出现是一个奇迹。他以贫苦出身，知道教育的重要，靠着乞讨，敛金办学，舍己为人，是很难得的"，但毛泽东发起的批判电影《武训传》的"讨论"开始后，他马上就写了一份"自我检讨"；后来关于《红楼梦》研究、反胡风、反右斗争，差不多每一次斗争的开始前后，郭沫若都有类似的认识变化与自我批评。身居高位又无限忠诚的热情歌手似乎已从自身实践和"反面教员"的教训中，体味到宁"左"勿右的合理与必要，对知识分子阶级属性的模棱不清，更让他遇事总"严于责己"，以"自觉改造"应万变，将"紧跟"与"服从"当成了"一切的一"。于是，在这场史无前例的无产阶级"文化大革命"山雨欲来风满楼的前夜，文坛泰斗的郭沫若首先"表态"了。

一九六六年四月十四日，他在人大常委会第三十次（扩大）会议上说："几十年来，一直拿笔杆子在写东西，也翻译了一些东西……但是拿今天的标准来讲，我以前写的东西，严格地说，应该全部把它烧掉，没有一点价值。"他检讨自己"没有把毛主席思想学好，没有把自己改造好"，"文艺界上的一些歪风邪气，我不能说没有责任"，表示要到工农兵群众中去"滚一身泥巴，沾一手油污，炼一颗红心"。这篇题为《向工农兵群众学习，为工农兵群众服务》的发言，经毛泽东亲笔批示，由四月二十八日的《光明日报》和五月五日的《人民日报》发表，在当时已经开始向白热化急转的斗争形势里，无异于火上浇油或再加一把干柴，尽管带有善良和崇高的"自焚"愿望，但因此而激腾起的冲天烈焰和呛人火药味，已足够使普天下的芸芸众生和处境不妙者感到惊惧与惶惑了。

想必郭沫若也感到外界舆论对他这番讲话的强烈反应，七月四日在亚非作家紧急会议上，他不得不顺着原先的思路，再次声明：他之所以提出要把自己过去的作品全部烧掉，"这是我的责任感的升华，完全是出自我内心深处的声音"。而此时"横扫一切牛鬼蛇神"的"文化大革命"已经开始，四月中下旬访问四川的郭沫若刚到成都，正准备回阔别二十多年的乐山去，作他解放后的第一次故乡之旅，但尚未动身即被急电召回北京。迅雷不及掩耳的"文革"冲击波，比诗人的想象和预感要快得多、严重得多，并非"自焚"而是"他焚"的无名邪火很快就向郭沫若本人扑过来了。

那是一九六六年夏天"破四旧"的狂潮中，社会上谣传郭沫若为长篇小说《欧阳海之歌》所题的书名中，巧妙又恶毒地隐藏了"反毛泽东"的字样。如此荒谬的捏造居然为一批红卫兵小将所相信，而且煞有介事地打上门来，"勒令"他限期"交代罪行"。周恩来为避免发生更大意外，提前安排他转移住地。郭沫若在"逆来顺受"中到底压抑不住他诗人的脾性，提笔写下一首《水调歌头》记事明志，一反他公开场合中的谦逊、自责之态：

　　《欧阳海之歌》书名为余所书，海字结构本一笔写就。有人穿凿附会，以为寓有"反毛泽东"四字，真是异想天开。

　　海字生纠葛，穿凿费深心。爰有初中年少，道我为金壬。诬我前曾叛党，更复流氓成性，罪恶十分深。领导关心甚，大隐入园林。　　初五日，零时顷，饬令严。限期交代，如敢抗违罪更添。堪笑白云苍狗，闹市之中出虎，朱色看成蓝。革命热情也，我亦受之甘。

　　这段亦庄亦谐的文字，堪称"文革"初期大诗人留下的一首"妙词"。它生动典型地反映出彼时彼地的"灾情"，也披露出这位全国人大常委会副委员长的尴尬处境和共产党员的坦荡胸怀。作者写它显然不为发表，因此它真实、鲜活而不矫情，他的胸中仍然跳动着一颗尚未被岁月完全风化的"诗心"！

十年悲情录

　　然而，树欲静而风不止。对小将们的"革命热情"尚能"我亦受之甘"的郭沫若，很快就遭遇到他一生中可能是最沉重、最难以忍受的打击：从一九六七年春到一九六八年春仅仅一年零一个月的时间里，古稀之年的老人家连续失去了两个才刚刚踏进社会门槛的儿子。

　　一九四三年生于重庆的郭民英，是个颇有音乐天分的孩子。他靠自学小提琴考进中央音乐学院，入学后由于觉得自己接受正规训练起步较晚，因此心理压力挺大。不料，"内参"上披露一位同学给毛主席的信，说郭民英将家里的录音机带到学校里搞"特殊化"，敏感又自尊的民英觉得学校里待不下去，决定放弃音乐专业，到解放军大熔炉中接受锻炼。他在部队表现积极，很快成了预备党员，然而随着"文革"的风云激荡，病魔突然袭击了他，他所患的忧郁型精神分裂症越来越严重，以致在一九六七年四月的一个早晨悄悄地结束了自己年轻的生命。噩耗传来，正处于非常时期的郭沫若和于立群惊呆了。他们难以名状的哀恸非但无处倾诉，而且还要忍气吞声地向有关部门表示他们没有教育好自己的孩子，民英不该死于"对文化大革命的不理解"。

　　其实此时，郭沫若自己对"文革"的不理解也越来越深了。同年五月《人民日报》发表的毛泽东《看了〈逼上梁山〉以后写给延安平剧院的信》中，删去了原文里的一句话："郭沫若在历史话剧方面做了很好的工作，你们则在旧剧方面做了此种工作。"疑虑和惶恐，同样袭上郭沫若的心头：这是阶级斗争的新动向，还是批判自己的信号？尽管运动开端就有人贴他的大字报、喊"打倒郭沫若"的口号，但主席和总理都保护了他，而现在爱子的失去，重新勾起他对于以群、老舍等一批文艺界老友死于非命的恐怖回忆……这一切，为什么这样难以"理解"呢？

　　"理解"不了的诗人仍得应付眼前的变故，几天之后召开的亚非作家常设局纪念毛泽东《在延安文艺座谈会上的讲话》二十五周年的会议上，他以《做一辈子毛主席的好学生》为题致闭幕词，并且拿出事先准备好的另一份诗稿，毕恭毕敬地说道："请允许我把我的粗糙的诗朗诵出来，献给在座的江青同志，也献给各位同志和同学。"他在诗中称"亲爱的江青同志，你是我们学习的好榜样"。

　　然而，更大的灾难还是伴随着"文革"浊流，向他的家庭扑来了！

　　一九六八年四月十九日清晨，北京农业大学的造反派绑架、关押了郭沫若和于立群的另一个儿子、比民英大三岁的世英。在该校读书的世英是一个正直向上的青年，在郭沫若的子女中，数他较多地秉承了父亲的文学才华和诗人气质；虽然学农，但他也写诗、写剧，经常向父亲请教创作问题，还喜欢坦诚地议论时事，大概正是这种真率的为人和特殊的家庭背景给他带来了麻烦。

儿子犯了什么罪？病中的于立群急得团团转。郭沫若不知怎样安慰她才好，去年春天民英的死给她的打击太大了，万一世英再有个三长两短可怎么办？焦急和忧愁困扰着他，好不容易挨到晚上，郭沫若参加周恩来主持的外事活动。满腹心事的他有机会向这位"共和国总管"求救了，请他过问一下自己孩子的事总可以吧。总理就坐在身旁呀，多少次话已到了嘴边！但当郭沫若一瞥见也已年届古稀仍在日理万机的周恩来，望着他消瘦的脸上越来越多的老人斑，同他那虽然神采依旧却已遮不住疲惫、操劳和忧烦的目光相遇时，就像有一声"先天下之忧而忧"的长叹不知从何处轰然响起，让发聋振聩的郭沫若竟舌尖木然，欲言又止了。

其实，郭沫若的顾虑是多余的，孩子并非自己的私产，北农大的抓人纯属非法，查问和解决都是"公事"！因此，当他两手空空、神情颓丧地回到家中，夫妻间的埋怨和争吵都是不可避免的了。面对着于立群的责难和哭泣，同样伤心的郭沫若只能怔忡着说："我也是为了中国好啊！……"就再也说不下去了。

第二天，忧心如焚的夫妻俩又开始打听，连自己都成了"保护对象"的人能有多大的能力呢！直到第四天上，郭沫若的秘书和其他儿女才在北农大的关押处，看到被打得遍体鳞伤、手腕和足踝都被绳索勒进了肉里的郭世英，可怜他已经在亲人赶到三小时前就停止呼吸了！世英的死讯传来，于立群痛不欲生，几近癫狂。郭沫若全身的神经都麻痹了，七十六岁的他怎能承受这样的打击，为了排遣这晚年丧子的巨大悲痛，也是为了抗议不法之徒们强加给被害者的"现行反革命"罪名，大文豪从两个儿子的遗物中捡出记录着他们青春足迹的日记，用自己手中的毛笔和宣纸簿，字字句句、工工整整地抄录着，抄了一本又一本。他以这种极为特殊的方式，在心灵深处与他钟爱和曾经寄予过无限希望的孩子"对话"，追寻他们直到天堂或者地狱……这位《浮士德》的翻译者、名满天下的书法家，将他这部连浮士德博士和魔鬼摩菲斯特见了恐怕也要惊异的"手抄本"，赫然陈放在自己的案头，还伴着世英、民英兄弟俩中学时代的一帧合影，寄托一个父亲的哀思。①

　　进入二十世纪七十年代的中国仍在"文革"狂潮中颠摇，年届八旬的郭沫若经受住了动乱初期的考验，更坚强地生活在险恶的风浪里。一九七三年，江青一伙为加紧篡权大造"批孔"舆论，指使北大的大批判班子，摘录印发郭沫若著作中的"尊孔"言论，准备用它做靶子，被毛泽东发觉后才及时制止。一九七四年年初首都近两万人的"批林批孔动员大会"上，江青再次发难，公开点名"郭老是尊孔的"，并引用了"十批不是好文章"这句"名言"，还将郭沫若喊起来亮相。大会后，张春桥跑到郭沫若家中，说他抗战中的剧作和论著是"王明路线的产物"，逼他写文章批"秦始皇的宰相"，明目张胆地影射周总理。江青也找上门来，同样逼他"批宰相"做他们的御用工具，纠缠了三个小时，郭沫若没有理会，但当晚却发高烧生了一场重病。

———————

① 浮士德博士和摩菲斯特是歌德名著《浮士德》中的人物。他们曾云游天堂、地府，历尽沧桑，最后回到人间。郭沫若是该书最早的中译者。

难得的是，在这样困难的局面下，郭沫若仍然不顾自己的年高体弱，一如既往地协助总理接见外宾、参与外事活动、出国访问，还积极主持和组织了"文革"期间国内文物保护、考古发掘和科研方面的许多工作。此外，作为学者和诗人，他还在"文革"中期那样恶劣的政治气候里，撰写和编译了许多诗文，特别是完成了他平生最后一部著作《李白与杜甫》。虽然这本新书于一九七一年问世后就引起相当多的争议，但作为非常年代的一部"非常规作品"，它在郭沫若的全部著作中仍占有重要的地位。

　　同郭沫若的其他文论或史论相比，《李白与杜甫》并非严格意义上的"学术论著"。郭沫若对唐代大诗人李白和杜甫的阐述与评论，多在他们的命运遭际和人生态度上，而不是他们的诗歌创作。关于李白，作者大唱谪仙恃才傲物和处世"天真"的赞歌，对他在政治斗争中的屡屡失意，也寄予了充分的同情；关于杜甫，则竭力想扯下"诗圣""道貌岸然"的外衣，还他以"凡夫俗子"的真面目。虽然这样的论证多有可商榷之处，书中观点受"左"的思潮的影响更加难免，但郭沫若在那场摧残人性、凋零百花的中国文化空前大劫难中，敢于坚持对人生命运的强烈关注和对诗人自身价值的高度肯定，显然有着不一般的含义。如果从它所反映和折射出来的历史文化信息、作者本人的思想发展脉络及诸多矛盾方面来看，《李白与杜甫》无疑是一部"奇书"，一把打开郭沫若晚年在政治高压下受禁锢和被窒息的心灵世界的钥匙。

　　就批评个性而言，《李白与杜甫》是浪漫主义诗人郭沫若笔下的李白与杜甫；它所包含的"扬李抑杜"的鲜明论调，正是这位二十世纪新诗人所代表的强调主观和抒情的浪漫主义诗观与艺术谈。郭沫若对杜甫的"厌恶"从蒙童时代就开始了，显然带有他性格的偏好，并非完全"迎合"毛泽东的口味。值得注意的倒是，爱做翻案文章的郭沫若在八秩高龄上，还有勇气和兴致向被尊奉了千载的"诗圣"挑刺、找茬，对学术界由来已久也不无偏颇的"扬杜抑李"论发起挑战，又一次显露了他那"语不惊人死不休"和汪洋恣肆的才情，以及始终在大胆怀疑和自我否定中前进、摸索的"青春型"文化品格。当然，问题也有另外一面，人们并未忘记成都杜甫草堂高挂的那副名联"世上疮痍，诗中圣哲；民间疾苦，笔底波澜"①，也同样出自郭沫若之手。

一九七四年早春，江青、张春桥之流对郭沫若的迫害，使他生了一场重病，大叶性肺炎，住院三个多月。生病期间，周总理无微不至地关心着郭沫若，亲自指挥医务人员抢救，多次来看望他，询问、安排他的医疗、生活和各种事务。郭沫若出院后，因打针过敏，支气管周围发炎，又一次住院，仍是总理一天要过问好几次，还派自己的医生来为他看病。郭沫若望着越来越消瘦的周恩来，心里既感激又心疼和焦急，他知道已经身患绝症的共和国总理处境十分困难，他的肩头挑着多重的担子！江青一伙连自己都不放过，矛头是对准总理的。郭沫若恨自己不能帮助总理工作，减轻他的负担，反而给他增添麻烦。在一九七五年下半年那些越来越严峻的日子里，已难得再见到周恩来的郭沫若，只是常常从报纸上登出的新闻图片中，望着

---

① 这副对联为郭沫若一九五三年所做。

总理的近影一言不发地出神。

　　也是在这场重病中，安娜带着女儿淑子来看望他了。她们给郭沫若看从日本捎回的照片，指认市川故居里的旧貌新颜。临别依依，母女俩以双手按膝的日本礼从郭沫若的病房里退出，这是两位老人的最后一次见面。

　　一九七六年一月八日周恩来逝世。当哀乐响彻神州，年迈病弱的郭沫若好像被隆冬的严寒冻结了似的，蜷缩在临窗书桌后的坐椅里。家里人和护理人员的走近和说话，他都没有反应，只有两行滚烫的泪水从眼眶里溢出，点点滴滴诉说出老人内心的哀伤；而在他手边的一张纸上，却有他用颤抖的笔触写下的两行歪歪扭扭的字："风萧萧兮易水寒，壮士一去兮不复还。"

　　被悲痛所击倒的郭沫若，好不容易才在别人的搀扶下站起身来。他坚持着去向周恩来的遗体告别，坚持着去参加追悼会。他是坐在轮椅上被推进会场的，肃立致默哀时，两位同志扶他站起，腿仍像灌了铅似的沉重。他急得一身大汗，咬着牙在心里命令自己：一定要站起来！终于站起身来了，他向亲爱的战友、今生难得的知己、孩子们的"好爸爸"、人民的好总理，献上了最后的敬礼！①

　　他更将自己的哀恸和悼念之情，化成了诗句。这首七律《悼念周总理》，带着一月的哀思，传遍了北国江南，在后来天安门前奠祭总理英灵，声讨"四害"罪魁的斗争中，也发挥了巨大的感召力：

---

① "好爸爸"是郭家子女对周恩来的昵称。

革命前驱辅弼才，巨星隐翳五洲哀。

奔腾泪浪滔滔涌，吊唁人涛滚滚来。

盛德在民长不没，丰功垂世久弥恢。

忠诚与日同辉耀，天不能死地难埋。

　　半年之后的七月和九月，郭沫若又同全中国人民一起经受了朱德和毛泽东逝世的哀痛。多灾多难的华夏，被"史无前例"的政治高温烤炙得疲惫不堪的万里山河，已经到了"于无声处听惊雷"的时刻。在这个又一次历史大转变的前夕，一轮扫荡六合阴霾、清明九州大地的金秋朝阳，终于鼓荡着时代的风云，从望眼欲穿的天际滚滚而来了……

拥抱春天

　　郭沫若是在北京医院住院期间，听到党中央关于粉碎"四人帮"的文件传达的，天大的喜讯给病中的老人带来了新的活力。闻讯当晚，他就以《为党锄奸、为国除害、为民平愤》为题撰文表态。一周以后，他填写了《水调歌头·粉碎"四人帮"》一词，有道是：

　　　　大快人心事，
　　　　揪出"四人帮"。
　　　　政治流氓，文痞，
　　　　狗头军师张，
　　　　还有精生白骨，
　　　　自比则天武后，
　　　　铁帚扫而光。
　　　　篡党夺权者，
　　　　一枕梦黄粱。
　　　　……

　　以郭沫若式的劲健与洒脱，宣泄着压抑了多少时日的愤懑和对丑类的憎恨，说出了十亿炎黄的心里话。在那个山欢水笑的季节里，这首浅白的新词成为家喻户晓、响彻云霄的凯歌。

一九七六年十月二十四日，首都人民在天安门广场举行盛大集会，庆祝粉碎"四人帮"反党集团的伟大胜利。郭沫若在医护人员的搀扶下，抱病登上了天安门城楼。站立在二十七年前照耀过人民共和国新生的大红灯笼下，倾听着广场上山呼海啸般的掌声、欢呼声，郭沫若的心里也在翻卷着历史的波涛。这位与"五四"同行了半个多世纪的革命诗人，庆幸自己不仅亲眼看到了中国民主革命的胜利，放声歌唱过《新华颂》，此刻又在祖国和人民的"第二次解放"里，亲身体会胜利者的欢乐与豪情了。他把欣喜和挚爱的目光，全部投向晴空中那面高高飘扬、舒心开颜的五星红旗，经过了这十年风雨的洗礼，天更蓝，云更白，五星红旗也更鲜艳了！"万古云霄一羽毛"，他的心绪被多少熟悉的面影和难忘的画面所牵系，他又看到了那烈火中展翅的凤凰！听到了令他的青春永驻和生命辉煌的《凤凰更生歌》，甚至还听到了鸾鸟的和鸣与雏凤的清声……

一个多月后，郭沫若又以一阕《东风第一枝》的新词，迎接一九七七年元旦的到来。出院回家的他，兴致勃勃地重操起他已中断多年的"旧业"，在旧历年的除夕夜亲撰一副对联："粉碎四人帮春回宇内，促进现代化劲满神州"，连同横批"凯歌高唱"四个大字一起写好，让孩子们贴上郭家的大门，同北京市民一起喜迎新春。

在这个难忘的春天里，他重逢了许多故人，遇到了许多喜庆的事。当他同当年抗日演剧队的朋友们欢聚在牡丹盛开的庭园里的时候，当他从电台广播里听到重新播放《蔡文姬》演出录音的时候，当他翻阅人民文学出版社刚刚出版的《沫若诗词选》、日本京都雄浑社赠送的日文版《郭沫若选集》第一卷的时候……郭沫若一次又一次沉浸在往事的回忆和新生活、新创造的欢乐里，悲喜之情如长江大河在他历尽沧桑的心头交汇、激荡！他想起了十年浩劫中离去的田汉、老舍、吴晗、翦伯赞……"四害"横行夺去多少有为的生命！北伐战友孙炳文烈士的女儿孙维世，一九四五年首次访苏在莫斯科见到她时还是个小姑娘，竟也未能逃脱江青的毒手。郭沫若从沉痛的历史教训中，看清了极"左"路线祸国殃民的危害，对知识分子问题、科学、文化和教育的反思，也使他有了更多新的认识。在郭沫若"拨乱反正"期间的一些即兴写作中，都能看到耄耋之年的大诗人思想解放的心迹和扬眉吐气的情怀。如他在题画家关良的新作《醉打山门图》时，借梁山好汉鲁智深之口，信笔写下这样的感咏：

　　神佛都是假，谁能相信它！打破山门后，提杖走天涯。见佛我就打，见神我就骂。骂倒十万八千神和佛，打成一片稀泥巴……

　　为追怀文艺界友人钱杏邨、何其芳的"送行诗"是这样写的：

　　你是"臭老九"，我是"臭老九"。
　　两个"臭老九"，天长地又久。

虽然没有多少"诗意",但是这"天长地又久"的豪迈气概,还是长了"老九"们的威风,找回了被践踏已久的人的尊严。

八十六岁高龄的郭沫若,以顽强的生命力和迎接新时期的笑颜,进入了一九七八年。仿佛是多情又重义的历史有意要在这一年里,为这位中华民族二十世纪的文化科学巨匠、伟大的爱国者和杰出的社会活动家,留一帧真、善、美的"全息摄影",给他波澜壮阔又多姿多彩的一生画一个圆满的句号,从初春起郭沫若就忙碌开来了。

二月二十二日,郭沫若在五届政协会议上被推选为主席团常务主席。

二月二十四日,郭沫若在五届人大会议上被推选为主席团常务主席。

三月五日,五届人大发表重新任命他为中国科学院院长的公告。

三月上旬,郭沫若当选为五届政协副主席和五届人大委员会副委员长。

三月十八日,他亲自出席全国科学大会开幕式。

三月三十一日,他在大会闭幕式上发表书面讲话《科学的春天》。

五月二十七日,全国文联召开三届全委会第三次会议,文联主席郭沫若因病不能到会,但作了书面发言《衷心的祝愿》。

五月,历史剧《蔡文姬》由北京人艺重排复演。

……

盘桓病榻的郭沫若已经不可能重回令他牵挂的那么多工作、会议、社会活动和朋友们中间去了。自一九七四年那场重病后，肺部的疾病始终纠缠着他。明知时日无多的老人依然乐观、开朗，不仅坚持着完成了上述的有关任务，还在重病中接待了一批批来看望、慰问他的人。六月三日清晨，当重新担任党内文艺界领导工作的周扬向他汇报文联会议情况，转达同志们对他的问候时，一直将郭沫若视为长辈和老师的周扬，望着他衰弱的病体，很动感情地说：

　　"郭老，您是歌德，是社会主义时代新中国的歌德；您是我们中国的国宝！大家都期望您早日恢复健康，重新领着我们前进！"

　　躺在病床上的"国宝"听了却笑起来，随即幽了他一默："我是什么国宝？我是'郭宝'啊！你们做了很多工作，我没有做什么，很惭愧。"

　　这可能是这位才华横溢、诙谐风趣的演说家和著作家留在人间的最后一句跟他崇高人格相联系的"谈笑"了，因为此后第九天，一九七八年六月十二日下午四时五十分，他那颗真正是"中华国宝"级的心脏，永远停止了跳动。

　　在郭沫若安眠的枕下，还压着老友成仿吾赠送的新著《长征回忆录》，那是最后一次离家住院时，他特意关照家人带来看的一本书。读者与作者都是当年的"创造社之子"，即使在期颐之年的今天仍然心心相印、同气相求；跟半个多世纪前相比，不同的是他们所走的崎岖山道和漫漫长途，已经被无数前驱与同伴的生死，踏成了一条光荣、坚实、宽广的胜利之路："理想的蚁塔"已经在人间建造，一个属于创造者的新时代又划破坚冰，在和暖的春风中起航、开工了。奋斗了终生、竭尽了全力的前行者，也到了安息的时辰。

郭沫若的女儿郭庶英，为我们记录下郭沫若生命弥留时的情景——

当他的心脏跳动已很微弱，呼吸也十分困难的时候，守候在床边的亲人和同志们还是渴望再听听这位语言大师的最后叮咛。所有的目光都注视着他嘴唇的启动，所有人都在用心恭听着。"突然，父亲艰难地大声地迸出一句话：'拿耳机来！'我们赶快把床头的耳机递过去，帮他安好耳塞，把音响拨到最高档，等待父亲讲话。可是谁料这竟成了他给人世间留下的最后一句话！这句话给他将要结束的生命以新的生机。我们虽然再也听不到他的声音了，但他留在文章中的话，永远具有生命力。"

毫无疑问，郭沫若是二十世纪中国文学中最富有生命力、最富有青春气息的大家之一，他留下的文化瑰宝和精神财富是巨大的、多方面的。以"民主"与"科学"为旗帜的五四新文化运动和反帝反封建的人民革命斗争，激发出他那如烈火、如狂飙、如山呼海啸般的爱国热忱与创造才情。在他走过辉煌人生的长路，正当祖国历史揭开灿烂新篇的时候，他仍以一颗纯粹、炽热和崇高的赤子之心，向为人类文明进步事业作过巨大贡献的炎黄子孙，寄予他全部的理想和希望：

"我们不仅要有政治上、文化上的巨人，我们同样需要自然科学和其他方面的巨人。我相信一定会涌现出大批这样的巨人。"

"我们一定要打破常规，披荆斩棘，开拓我们科学发展的道路。既异想天开，又实事求是，这是科学工作者特有的风格。让我们在无穷的宇宙长河中去探索无穷的真理吧！"

　　"春分刚刚过去，清明即将到来。'日出江花红胜火，春来江水绿如蓝'。这是革命的春天，这是人民的春天，这是科学的春天！让我们张开双臂，热烈地拥抱这个春天吧！"①

---

① 摘引自郭沫若在全国科学大会上的闭幕词《科学的春天》一文。

参考书目

孙党伯：《郭沫若评传》，北京：人民文学出版社，1987年。

龚济民、方仁念：《郭沫若传》，北京：北京十月文艺出版社，1988年。

卢正言："郭沫若年谱简编"，《郭沫若研究资料》，北京：中国社会科学出版社，1986年。

黄侯兴：《郭沫若》，北京：人民出版社，1986年。

黄侯兴：《郭沫若——"青春型"的诗人》，济南：山东人民出版社，1994年。

郭沫若故居和中国郭沫若研究会合编：《郭沫若百年诞辰纪念文集》，北京：社科文献出版社，1994年。

肖玫：《郭沫若》，北京：文物出版社，1992年。

郭沫若著，黄淳浩编：《郭沫若书信集》，北京：中国社会科学出版社，1992年。

郭沫若著，郭沫若著作编辑委员会编：《郭沫若全集》，北京：人民文学出版社。